JN445634

피해자가

가해자에게

피해자가
피해자가
피해자가

가해자에게
가해자에게

피해자가해자에게

SEIBORYOKUNO KAGAISHATO NATTA KIMIYO,
SUGUNI YURUSARERUTO OMOUNAKARE
© Saito Akiyoshi/Ninomiya Saori 2024
Originally published in Japan in 2024 by Bookman-Sha, Tokyo.
Korean translation rights arranged with Bookman-Sha, Tokyo,
through TOHAN CORPORATION, Tokyo. and BC AGENCY, Seoul.

이 책의 한국어판 저작권은 BC에이전시를 통해
저작권자와 독점 계약을 맺은 글항아리에 있습니다.
저작권법에 의해 한국 내에서 보호를 받는
저작물이므로 무단 전재와 복제를 금합니다.

가해자에게 이 대화는 가능할까?

사이토 아키요시
니노미야 사오리
지음

조지혜
옮김

글항아리

*
**

시작하며

이 책은 과거에 성폭력 가해 경험이 있는 남성들과 사진가이자 여러 번의 성폭력 피해 경험이 있는 니노미야 사오리씨가 나눈 대화, 그리고 그 속에서 보았던 것을 정리한 기록입니다. 대화는 한 공간에서 얼굴을 마주하는 대면 형태와 편지를 주고받는 '왕복 서신' 형태, 두 가지 방법으로 실시되었습니다.

안녕하세요. 사회복지사 사이토 아키요시斉藤章佳입니다. 이 책을 집어든 분들은 성폭력에 어떤 식으로든 관심이 있으리라고 생각합니다. 그렇기에 오히려 가해자와 피해자가 대화한다는 사실 자체에 놀랄지도 모르겠습니다. 당연합니다. 일반적으로 피해자는 자신에게 폭력을 휘두른 상대와는 만나고 싶어하지 않습니다. 그중에서도 성폭력은 성이라는 인간의 핵심을 이루는 부분에 깊은 상처를 내고 존엄을 짓밟는 인권 침해 행위입니다. 피해자가 떠안는 감정은 공포, 절망, 혐오감이라는 말로도 다 표현하지 못합니다. 대부분은 가해자가 이 세상에 존재한다는 사실조차 참기 어려울 겁니다.

현재 세계적으로 주목받는 새로운 사법적 시도로 '회복적 사법'이 있습니다. 한 사건의 관계자-피해자, 가해자, 양쪽의 가족, 때로는 지역 주민들까지 모여 해당 사건에서 일어난 범죄를 대화로 해결하려고 노력하는 과정을 말합니다. 대화 내용이 엄밀하게 정해져 있지는 않지만, 사건을 어떻게 바라볼지, 어떤 영향이 있었는지, 앞으로 이 사건에 어떻게 관여하고 관계자들과 어떻게 만날지를 주로 이야기합니다. 그리고 전문 진행자facilitator가 있어, 모든 참여자의 목소리를 정리·조정합니다. 1970년대에 시작되어, 현재 뉴질랜드, 오스트레일리아, 캐나다, 미국, 유럽 등에 제도화되어 있으나, 일본에는 아직 많이 알려지지 않았습니다.

회복적 사법은 피해자 측이 가해자 측을 규탄하는 자리가 아니고, 가해자 측이 피해자 측에 이해나 용서를 구하는 자리도 아닙니다. 때로는 호소도 하겠지만, 그게 목적은 아닙니다. 확실한 도착지가 있다거나 반드시 개운하게 납득할 만한 치유에 이르는 것도 아닙니다. 그렇지 않은 경우가 더 많습니다.

그렇다면 무슨 목적으로 관계자가 한자리에 모이는, 어쩌면 서로에게 힘겨운 방법을 택하는 걸까요.

모인 관계자가 공통으로 우선 알고 싶어하는 것은 '왜, 이런 사건이 일어났는가'일 겁니다. 피해자 측도 '왜 내가, 혹은 내 가족이 피해를 입었는가' 하고 고민하겠지만, 가해자가 행동으로 옮기지 않으면 사건은 발생하지 않으므로, 이는 결국 '가해자는 왜 그런 범죄를 저질렀는가'라는 질문이 됩니다. 그 대답은 가해자가 아니고서는 하지 못합니다.

나온 대답을 피해자 측이 받아들이지 못해서 결렬되어 끝나기도 할 테고, 확실한 답을 얻지 못할 가능성도 있습니다. 하지만 그건 그것대로 이들이 앞으로 사건과 피해를, 혹은 가해를 어떻게 바라볼지 드러냅니다. 대화하기 전과 후에 사건을 보는 방식은 달라집니다. 회복적 사법의 목적은 '마찰을 줄이는 것'이라고도 합니다.

그러나 성범죄에서는 회복적 사법을 활용하기 어렵다는 것이 통설입니다. 앞서 서술한 대로 피해자에게는 가해자와 대면하는 일 자체가 커다란 장벽이기 때문입니다. 세계보건기구WHO가 발표한 트라우마의 종류에 따른 PTSD(심리적 외상 후 스트레스 장애) 유병률과 지속 개월 수를 보면, 트라우마 체험 이후에 PTSD 진단을 받은 사람으로 강간 피해자가 가장 많고, 그다음이 가정폭력 피해자, 그 외 다른 성폭력 피해자 순입니다. 게다가 성폭력 피해로 생긴 PTSD의 평균 지속 기간은 약 110개월이니, 10년에 가까운 오랜 기간에 걸쳐 지속됩니다. 사고 재해의 PTSD 지속 기간이 약 41개월이라는 사실에 견주면 차이가 확연합니다.

지속되는 고통의 한가운데에서, 성폭력 피해자가 심지어 그 가해자와 대화하다니 얼마나 괴로울까요. 그럼에도 저는 피해자 측이 바란다면, 가해자 측과 '대화'가 필요하다고 생각합니다.

저는 현재 정신보건복지사 겸 사회복지사로서, 도쿄를 중심으로 7개 분원이 있는 의존증 전문 '에노모토클리닉'에서 강박적 성행동을 멈추지 못하는 사람을 대상으로 전문 외래 SAGSexual Addiction Group-meeting 프로그램 총감독을 맡고 있습니다. 성폭력 가해자들의 재범 방지를 위해 가해자 임상이라는 틀에서 시행되는 치료 교육 프로그램으로서, 일본에서는 최초의 시도입니다. 이 일을 오래 해오며, 피해자나 가해자나 서로에 대해 모르는 부분이 너무나 많다는 점이 간접적인 회복 저해 요인이라고 생각했습니다.

가해자는 피해의 실태와 피해자가 처한 '그 뒤'를 모르면 자신이 무슨 짓을 저질렀는지 이해할 방법이 없습니다. 피해자 또한 '가해자가 왜 이런 짓을 저질렀을까'를 알 도리가 없는 나머지, '내가 잘못했다'라며 자책하기도 합니다.

처음에 저는 양쪽에서 활동하는 임상가 동료 간의 대화를 생각했습니다. 가해자 임상 전문가와 피해자 지원 및 치료에 종사하는 전문가가 서로 식견과 의견을 교환할 기회가 생긴다면, 양쪽 프로그램에나 당사자가 다시 일어서는 데에나 도움이 되리라 생각했습니다. 실제로 흥미를 보인 전문가도 있었지만, 현재 일본의 사회 정세에서는 그에 앞서 정리되어야만 하는 여러 과제가 있어 현실화하지 못했습니다.

너무 이른 게 아닐까, 혹은 애초에 불가능한 일이 아닐까 하며 고민하던 차에 니노미야 사오리씨와 만나게 되었습니다.

니노미야씨는 가해자 재범 방지에 몰두하는 가해자 임상이 에노모토클리닉에서 진행되고 있다는 사실을 알고 제게 연락했습니다. 첫 만남에서 니노미야씨는 "저는 가해자와 대화하고 싶습니다"라는 의사를 명확히 밝혔습니다. 이미 피해를 입은 지 20년 가까이 지났는데도 니노미야씨의 마음속에서는 '왜 나였을까?' '나여야만 했던 걸까?' 하는 의문이 끊임없이 소용돌이치고 있었습니다. 실제로 성폭력을 저지른 사람들의 입으로 듣지 않고서는 그 답을 얻지 못하는 게 아닐까, 계속 고민한 끝에 내린 결론이 '가해자와의 대화'였다고 합니다. 여기까지 듣고도 제 놀라움은 사그라들지 않았습니다.

회복적 사법을 실현하는 대화 프로그램의 필요성을 느꼈음에도 니노미야씨의 제안이 정말로 가능할지 불안감이 들어 주저했습니다. 그러나 거듭 이야기를 나누는 과정에서 니노미야씨의 결심이 확고함을 느꼈고 "우선 한번 해보죠"라는 결론이 났습니다. 그리고 2017년 7월, '대화 프로그램'이 시작되었습니다.

사전에 "니노미야씨가 괴롭거나 더 이상은 무리라고 판단하면 그 시점에 중단합시다" 하고 약속했지만, 니노미야씨는 지금까지 한 번도 쉬지 않았습니다. 대화 프로그램은 7년째 계속되고 있습니다.

제 머릿속에 있었던 것은 회복적 사법이지만, 이 프로그램은 피해 당사자인 니노미야씨와 과거에 성폭력을 저지른 가해자들 간의 대화입니다. 그리고 가해자들과 관련된 사건은 완전히 별개입니다. '한 사건의 관계자'가 모이는 회복적 사법과는 접근 방식이 다릅니다. 대화 프로그램에서는 니노미야씨와 참가자가 같은 장소에 모여 이야기를 나누는 대면 형식이 한 달에 한 번, 니노미야씨가 참가자에게 편지를 쓰면 참가자가 답장하는 왕복 서신 형식이 한 달에 한 번 주기로 이루어집니다. 일반적인 회복적 사법과는 달리, 니노미야씨와 참가자, 참가자와 참가자 사이에서 대화가 지속적으로 이어지기 때문에 저는 이러한 시도를 '회복적 대화'라고 부르기로 했습니다.

참가자는 원래 클리닉에서 시행하는 프로그램과 연계된 사람 가운데 몇 명을 선별해 꾸렸습니다. 프로그램의 목적은 '성폭력 가해를 한 자신'에서 '가해하지 않아도 인간관계를 쌓을 수 있어 사회생활에 무리가 없는 자신'으로 변모하는 것입니다. 어떤 프로그램에 참가하려면 먼저 자신이 지금 어떤 단계에 있는지부터 알아야 합니다. 이 점에 맞는 사람을 우선 고려했고, 대화 프로그램이 오랜 기간 진행되리라 예상했기에 지속성을 기대할 수 있는 사람에게 제안했습니다.

첫 번째 회차의 광경을 저는 지금도 잊지 못합니다. 참가자는 50명 정도였습니다. 그들도 긴장하고 있는 게 느껴졌습니다. 가해자로서 피해자의 목소리를 직접 들을 기회는 좀처럼 없습니다. 받아들이기 힘든 말이 나올 수도 있습니다. 그런 그들을 앞에 둔 니노미야씨의 첫마디는 "여러분, 와주셔서 감사합니다"였습니다.

이 말에 참가자들도 당황한 듯했습니다. '이 사람, 지금 뭐라고 한 거지?' 하는 표정을 짓는 참가자도 있었습니다. 저도 그런 얼굴이었을지 모릅니다. 니노미야씨는 대화 프로그램을 계속해나가면서 그 뒤에도 몇 번이나 "감사합니다"라고 참가자들에게 말했습니다. 하지만 첫 번째 "감사합니다"는 특별했습니다. 그 말에 담겨 있던 생각은 이 책 맨 끝에 실린 대담에서 니노미야씨가 직접 이야기했으니, 꼭 읽어주십시오.

이렇게 시작된 전대미문의 회복적 대화에서는 지금도 여러 말과 생각이 참가자와 니노미야씨 사이를 오가고 있습니다. 참가자가 늘 똑같지는 않아서, 들어오고 나가는 사람이 있습니다. 취직해서 시간을 내기가 힘들어지거나, 실형 판결이 나서 교도소에 들어가기도 하고, 유감스럽게도 다시 범죄를 저질러서 참석 자체가 중단되기 때문입니다.

다른 한편 새 참가자도 들어옵니다. 이미 프로그램에 나오던 사람이 '이런 프로그램이 있어' 하며 다른 사람에게 소개하기도 합니다. 시작된 뒤 7년 동안 계속 참가해온 사람도 있습니다. 저는 진행자로서 그 자리에 있지만, 지금까지 오랫동안 가해자 임상에 종사하면서도 본 적 없었던 그들의 표정, 들은 적 없었던 말을 몇 번이나 보고 들었습니다. 그들이 성폭력 당사자이자 정반대 입장에 있는 피해자 니노미야씨와 나누는 대화를 보며, 저는 '가해자 측의 의식 및 행동 변모'의 낌새를 알아차렸습니다. 그런가 하면 니노미야씨가 죽을힘을 다해서 하는 말이 그들 위를 그냥 스쳐 지나가거나 대화가 공허하게 엇갈리기도 합니다. 대화가 항상 잘 진행된다고 하기는 어렵습니다. 하지만 그렇기에 어떻게든 상대방에게 전달하려 하고, 상대방의 말을 읽어내려고 노력합니다.

그곳에는 명백히 가해자와 피해자가 있습니다. 니노미야씨는 피해 당사자로서 가해자가 알기 바라는 바를 그들에게 말하고, 알고 싶은 바를 그들에게 묻습니다. 그와 동시에 피해자라는 입장에서 벗어나 한 '사람'으로서 그들 앞에 서서 말을 전달하려 합니다. 니노미야씨는 '사람'과 '사람'으로서 대화하고 싶은 거겠죠.

성폭력 가해자가 된 그들은 변화할 수 있을까요. 대화만으로 행동 변화가 촉진될 리는 없습니다. 그리 단순한 일은 아님을 압니다. 바람직한 변화가 일어나려면, 가해의 책임과 마주하려면 무엇이 필요한지, 그들에게 묻고 싶은 것이며 함께 파고들어보고 싶은 것은 7년이 지났는데도 끝이 없습니다.

아직 여정은 끝나지 않았습니다만, 제 나름대로 지금까지의 일들을 되짚어보는 경과보고로서 이 책을 썼으니 그리 읽어주신다면 다행이겠습니다.

2024년 여름,
사이토 아키요시

차례

2장 성 가해를 자기 언어로 말하는 어려움

3장 '인지 왜곡'을 이해하기 위해

4장 성폭력 가해자가 된 그대여, 쉽게 용서받으리라 생각지 마라

대담

니노미야 사오리 × 사이토 아키요시

피해자의 '그 뒤'를 이야기하는 대화 프로그램

1장

*
**

'잊을 수 없어서' 괴롭다

"하루에 단 1분이라도 좋으니, 피해자를 떠올려주세요."

니노미야씨가 대화 프로그램 참가자들에게 반복적으로 던진 말 중 하나입니다. 그 말을 읽고 들을 때마다 정신이 번쩍 드는 얼굴을 하는 참가자가 있습니다. '떠올린다'는 것 자체를 잊고 있었겠죠. 피해자를 떠올리지 않는다는 건 자신의 가해행위를 잊는 것과 같습니다.

제대로 알려지지 않았습니다만, 가해자는 너무나도 간단히 자신의 가해행위를 잊습니다. 가해했다는 인식은 있어도 구체적인 세부 사항은 기억에서 완전히 누락시키기도 합니다. 중대한 범죄를 저질러놓고 어떻게 잊을 수 있나 싶겠지만, 이를 가해자 임상 현장에서는 '가해자 기억의 망각'이라고 부릅니다.

클리닉의 재범 방지 프로그램에 다니는 사람들, 그리고 대화 프로그램 참가자들은 자신이 한 가해행위 및 그 책임성과 마주하기 위해서 옵니다. 대부분이 성실…… 지나치게 성실하다고 해도 될 정도입니다. 그럼에도 우리 스태프가 보기에는 '피해자를 완전히 잊었구나' 싶은 일들이 일상적으로 있습니다. 예컨대 자신이 한 짓을 이야기할 때 "~하는 일도 있었죠" "~였던 게 아닐까요"라며 마치 아주 옛일, 혹은 남의 일이라는 투로 이야기합니다. 그런 말에는 가해자로서 당사자성이 없거니와 피해자도 존재하지 않습니다. 자신의 가해행위 때문에 피해자가 되어버린 사람이 지금도 괴로워할지 모른다고는 눈곱만큼도 생각하지 않는 모습입니다.

누구나 자신에게 불리한 기억, 죄책감을 동반하는 기억이 있습니다. 가능하면 그런 일을 떠올리고 싶지 않다는 감정 자체에는 공감해볼 수도 있겠죠. 그런 기억은 고통과 함께 되살아납니다. 재범의 위험성과 맞서는 그들도 마찬가지입니다. 그렇기에 자신이 한 가해행위를 기억 밖으로 쫓아버리고 싶다, 잊으면 편하겠지, 하는 쪽으로 마음이 기웁니다.

그들이 니노미야씨에게서 "피해자를 떠올려주세요"라는 말을 듣고 깜짝 놀라는 이유는, 그 말에 엄청난 절실함과 피해자로서의 당사자성이 담겨 있기 때문입니다. 피해자는 자신이 겪은 일을 결코 잊지 않습니다. 피해의 영향이 막대하면 일시적으로 기억이 봉인되기도 하지만, 망각하지는 않습니다. 잊고 싶어도 잊지 못합니다. 대화 프로그램에서 니노미야씨에게 온 편지에 이런 내용을 쓴 참가자가 있었습니다.

"과거의 일을 잊을 수 있도록, 밝은 사회생활을 되찾고 싶습니다."

2019년 7월 니노미야씨에게 온 편지

그는 아마 피해 당사자인 니노미야씨에게 솔직한 생각을 쓴 거겠죠. 대화 프로그램에서는 편지를 쓸 때 자신에게 정직할 것을 기본으로 합니다. 하지만 그렇다고 해서 읽는 사람을 염두에 두지 않아도 된다는 의미는 아닙니다. 아니, 그는 오히려 니노미야씨를 신경 쓰면서 적었을지도 모릅니다. 니노미야씨는 이렇게 답장을 했습니다.

"M씨는 피해를 잊을 수 있지 않을까, 하고 생각하시는 건가요. 그렇다면 잘못된 생각이라고 말씀드리고 싶습니다. 잊을 수 없어서 괴로운 겁니다. 잊을 수 없어서 공포스럽고, 잊을 수 없어서 고통스럽습니다. 한 번 피해자가 된 사람은 아마도 평생토록 이런 갈등 속에 있을 겁니다. 아무리 밝게 사회생활을 한다 해도 갈등은 없어지지 않습니다."

2019년 8월 니노미야씨가 쓴 편지

니노미야씨의 답장에서 이런 심정이 전해집니다. 성폭력 피해를 한 번이라도 겪으면, 그 기억은 평생 사라지지 않는다. 아무리 잊어버리고 싶어도 떠올리고 만다. 그렇기에 피해자는 계속 갈등한다……. 이는 대화 프로그램 참가자만이 아니라 사회 전체가 알아주기를 바라는 점입니다.

많은 피해자가 주변 사람들에게서 '빨리 잊어버려'라는 말을 듣습니다. 도움이 되라고 해주는 말이겠죠. 하지만 잘 생각해야 할 점은, 이런 말에 논점이 흐려져서 피해자는 '잊지 못하는 내가 잘못이다'라고 자책한다는 겁니다.

니노미야씨는 자신에게 닥치는 플래시백flashback에 대해 몇 번이나 언급했습니다. 플래시백이란 트라우마 자체를 갑작스럽게, 그리고 선명하게 떠올리는 것입니다. 방아쇠를 당기듯 기억에 연결된 어떤 트리거trigger가 자극을 받으면 플래시백이 일어납니다. 중요한 업무 중이었거나, 친밀한 사람과 뭔가를 하고 있었거나, 이동하던 중일지도 모릅니다. 공황에 빠져 과호흡 증상을 보이며 쓰러지는 사람도 있습니다. 피해자에게 기억이 돌연 되살아나면, 그저 괴롭고 싫은 기분이 드는 데에 그치지 않고 일상생활이 망가져버립니다.

가해 기억을 아예 망각하는 가해자. 언제까지나 피해 기억이 되살아나는 피해자. 너무나 비대칭적입니다. 성폭력이 얼마나 잔혹한지를 생각하게 됩니다.

자신의 가해행위를 과소평가하는 가해자

자신이 한 가해행위를 망각하는 건 그 사람에게 '별일'이 아니기 때문일까요. 대화 프로그램 참가자들이 스스로 생각해보도록 '왜 가해 기억은 망각되고, 피해 기억은 줄곧 지속될까'라는 질문을 던진 적이 있습니다. 그러자 이런 답변이 돌아왔습니다.

"가해자에게 피해자는 여러 사람 중 한 명이라는 이미지가 있습니다. 한 사람 한 사람에 대한 인상이 희미하니까 시간의 흐름에 따라 잊어가겠죠. 피해자는 평생 단 한 번의 상처라는 점, 자신이 원인일지 모른다는 부담감, 2차 피해로 생긴 정신적 손상 때문에 잊지 못하는 거라 생각합니다."

"피해자에게 그런 피해는 (아마도) 일상적인 상황이 아니기 때문에, 당했음을 깨달았을 때는 큰 충격을 받았을 겁니다. 한편으로 가해자는 인식하든 하지 않든, 매일 크고 작은 문제 행동과 관련된 어떤 짓을 일상적으로 하지 않을까요. 일상이니까 일일이 기억하지 않는 겁니다."

> "가해자에게는, 무책임합니다만, 그 가해가 이미 여러 번 있었던 일 중 하나이기 때문이라고 봅니다. 그래서 하나하나를 제대로 기억하지 않는 게 아닐까요. 피해의 기억은 그 개인에게 일어난 하나의 중대한 사건일 테니까요. 거기에서 기억의 망각과 지속, 그 차이가 생긴다고 생각합니다."
>
> 2022년 11월 니노미야씨에게 온 편지

이렇듯 '가해자 기억의 망각'에 대해서는, 여러 참가자가 자신이 한 가해행위=문제 행동은 일상적인 일이고 셀 수 없이 여러 번 있었기 때문이라고 답변했습니다. 참가자 대부분은 체포되었던 경험이 있습니다. 수감 경력이 있는 사람도 적지 않고, 그것도 한 번에 그치지 않아 형기를 끝내고 출소 직후에 재범해서 교도소에 다시 들어간 사람도 드물지 않습니다.

여기서 주의할 점은, 그들은 체포된 사건 외에도 다수의 가해행위를 해왔다는 사실입니다. 특히 성추행이나 불법 촬영을 등하교, 출퇴근 등의 일상에서 반복했습니다. 이러한 강박적 성행동에는 행위 의존적 측면이 있습니다. 의존증 중에서 알코올이나 약물 등 신체·정신 건강에 장애를 일으키는 물질에 의존하는 것을 '물질 의존', 도박이나 성추행, 소매치기 같은 행위에 의존하는 것을 '행위 의존'이라고 합니다. 이렇게 되면 가해행위의 수는 몇백 회, 몇천 회…… 정말로 셀 수 없어집니다. 상대가 어디의 누구이며 피해 당시에 어떤 표정이었는지, 그 수가 너무 많아 기억에 다 담기 어렵다는 점도 망각의 한 원인이라고 그들은 생각하는 것 같습니다. 가해행위 하나하나가 깃털같이 가벼운 일상이었을 겁니다. 하지만 여기서 '피해자가 그렇게 많으면 기억에 안 남을 만하다'라고 끝내버려서는 안 됩니다. 그들에게는 몇백, 어쩌면 몇천 분의 일에 지나지 않는 가해라 해도, 피해자에게는 절대 그렇지 않습니다. 니노미야씨는 이렇게 답신을 보냅니다.

"말씀하신 대로 여러분의 가해행위, 문제 행동은 한 번이 아닙니다. 즉 엄청난 횟수를 거듭했죠. 하지만 피해자에게는 언제든 유일무이한 것입니다. 이 차이는 엄청납니다, 정말로. '그 외에도 많다'와 유일무이의 '유일'에는 하늘과 땅만큼의 차이가 있어요. 말씀하신 대로입니다. 피해자에게 이는 이해할 듯해도 이해할 수 없고, 받아들일 수 있을 듯해도 받아들이기 어렵습니다."

2023년 12월 니노미야씨가 쓴 편지

피해자의 복잡한 심경이 그대로 엮여 있습니다. 가해자에게 무엇보다 외면하고 싶은 것 중 하나는, 자신의 가해행위로 상처를 짊어진 피해자의 존재입니다. 상처는 어쩌면 평생 치유되기 어려울지도 모릅니다. 그들에게는 피해자가 괴로워한 세월이 길수록 자신이 한 짓의 중대함을 추궁당하는 기분이 들겠죠. 거기서 그들은 '별거 아니었다' '더 잔혹한 짓을 한 놈들도 있는데, 이 정도는 문제도 아니지' 하고 자신의 가해행위를 과소평가합니다. 기억의 망각도 그렇게 자신을 지키기 위해 선택하는 수단 중 하나입니다.

과소평가는 가해행위를 반복하는 사람들에게 공통으로 나타나는 반응 유형으로, 사고 습관과도 같습니다. 대화 프로그램에서 니노미야씨에게 보내는 편지를 쓸 때, 자신의 이름(별칭 가능)과 함께 문제 행동의 내용을 쓰는 칸이 있습니다. 공공장소에서의 성추행이나 불법 촬영, 신체 노출, 속옷 절도, 부동의 성교,

미성년 추행 등의 내용을 써야 하지만, 사실대로 쓰지 않는 사람이 많습니다. 대체로 실제 저지른 짓보다 경미하게 보이도록 작성합니다.

또한 가해자끼리 문제 행동을 비교해, 자신의 가해 행위를 과소평가하는 경향도 종종 보입니다. 예컨대 '자신은 불법 촬영밖에 하지 않았으니까 강간한 사람들보다 훨씬 낫다'는 식이죠. 불법 촬영 등 비접촉형 성폭력이라고 해서 피해자의 상처가 깊지 않다고 단정할 수 있을까요. 피해는 상대화되어서는 안 되며, 개별성이 존중되어야 합니다. 적어도 가해자의 입맛에 따라 결정되는 건 아닙니다. '자신의 가해가 다른 사람보다 낫다'는 사고의 근원에 대해서는 뒤에서 더 상세히 다루겠습니다.

자신의 가해행위를 과소평가하는 것은 피해자의 피해를 과소평가하는 것과 연결됩니다. 게다가 그 행위를 잊어버리면 피해자의 피해는 '없었던 일'이 됩니다. 피해자 중에는 '자신에게 일어난 일을 언제까지나 기억해주기를 바라지는 않는다'라고 생각하는 사람도 있다고 합니다. 하지만 없었던 일로 해주기를 바라는 피해자는 없겠죠.

가해자는 피해자를 모른다

가해자가 가해 기억을 망각하는 것은 자신의 가해 행위를, 심지어 피해자의 피해를 가볍게 여기기 때문입니다. 저는 이 배경에 또 다른 중요한 사실이 숨어 있다고 봅니다. 가해자는 피해자를 '모른다'라는 점입니다.

이는 가해자 자신의 문제임과 동시에, 가해자 임상이 안고 있는 과제이기도 합니다. 성폭력 가해자 대상의 재범 방지 프로그램은 기본적으로 과학적 증거에 기초한 재발 방지relapse prevention 모델을 기반으로 하는 '인지행동요법'에 따라 진행됩니다.

그 목적은 첫 번째도 두 번째도, 위험성 평가risk assessment를 통해 재범 방지 기술을 몸에 익히는 것입니다. 개개인의 위험도를 측정해서 그에 대응해 커리큘럼을 구성하는데, 우리 클리닉에서는 '위험성 관리 계획risk management plan, RMP'을 중시합니다. 어떤 때에 자신이 문제 행동을 하고 싶어지는지, 무엇이 트리거가 되는지, 이를 피하려면 어떻게 해야 하는지 등을 철저하게 밝혀내 위험성 회피 기술을 배우고 생활에서 실천합니다.

이는 의존증 치료 중 물질 사용 장애 치료 프로그램으로서 발전해온 모델입니다. 앞서 기술했듯이 성폭력 중에서도 공공장소에서의 성추행이나 불법 촬영과 같이 거듭되는 가해행위에는 행위 의존의 측면이 있기 때문에 이를 응용하는 것입니다. 알코올이나 약물, 도박 같은 다른 의존증에서는 회복으로 가는 도중에 재발slip할 것을 전제로 두고, 그 경험을 스스로 피드백해서 다음번에 활용합니다. 시행착오를 반복하면서 깨끗한 '오늘 하루'를 쌓아나가는 것입니다. 성폭력 가해의 경우는 재발이 곧 재범이므로 반드시 피해자를 낳습니다. 일어나서는 안 될 일이니, 프로그램에서도 당연히 다시는 가해하지 않는 데에 중점을 둡니다.

하지만 이러한 프로그램에서는 '피해와 피해자에 대해 알' 기회가 전혀 없다고 해도 될 정도입니다. 그런 내용을 몰라도 기술을 몸에 익혀 재범만 하지 않으면 된다……라는 의견도 있을지 모르지만, 제 안에는 '기술에만 편중된 프로그램이어도 괜찮은가' 하는 의심이 오랫동안 자리 잡고 있었습니다. 성폭력 피해에 대해 모르는 채로 자신의 가해와 마주하기란 불가능합니다. 재범하지 않는 날이 몇 년씩 이어진다 해도 진정한 삶의 변화는 기대할 수 없지 않은가, 그렇게 생각하기 시작했습니다.

가해자 임상 현장도 사회도 피해자를 모른다

'맨정신'이라는 말은 일반적으로 술을 마시지 않은 상태를 가리킵니다. 알코올 의존증 치료 현장에서는 그저 마시지 않을 뿐만 아니라 알코올을 섭취하지 않고도 인간관계를 쌓고 자기다운 삶의 방식을 재구축해 실천함을 뜻합니다. 영어로는 '소브라이어티sobriety'라 하는데, 이 단어가 일본에서도 조금씩 퍼지고 있습니다. 술을 마시지 않았는데도 사고방식이나 행동 양식이 음주했을 때와 다르지 않고 정신적으로 불안정하거나 인간관계에 지장이 있으면, 이는 '드라이 드렁크dry drunk' '맨정신의 주정뱅이'라고 합니다. 알코올 의존증에서 회복이란 그저 마시지 않는 게 아니라, 생활 방식이 변화해 맨정신인 상태가 계속 보장됨을 의미합니다.

가해자 임상에서 이 방식을 적용할 때, 재범 방지 프로그램에 뛰어드는 사람들은 '성적性的 맨정신' 상태를 목표로 합니다. 그저 재범만 하지 않을 뿐, 가해 당시와 사고방식이며 가치관 등이 달라지지 않았다면 '드라이 드렁크'와 똑같습니다. 피해, 그리고 피해자에 대해 거의 모르는 채로 성적 맨정신에 다가가겠다니, 저로서는 납득하기 어려웠습니다. '전혀 모르더라도 재범만 하지 않으면 괜찮다'라면, 그들이 자신의 가해 행위에 책임감을 느낀다고 할 수 있을까요.

동시에 이러한 의심은 저 자신 앞에도 가로놓였습니다. '그렇다면 오랫동안 가해자 임상에 종사해온 사람으로서, 나는 피해자를 얼마나 알고 있나' 하고요. 대답은 바로 나왔습니다. '모른다'.

2017년 미국에서 시작된 '미투 운동#MeToo'이 일본에 알려지기 전까지 성폭력 피해 당사자가 스스로 발언하는 사례는 많지 않았으니, 알 기회가 없었다고도 할 수 있습니다. 그런 가운데 당사자인 고바야시 미카小林美佳씨의 저서 『성범죄 피해를 겪는다는 것性犯罪被害にあうということ』은 실로 귀중합니다. 저는 이 책을 몇

번이나 다시 읽었고, 덕분에 '성범죄 피해를, 그리고 피해자를 아는' 첫걸음을 내디딜 수 있었습니다.

생각해보면 성범죄 피해나 피해자에 대해 모르는 것은 가해자만이 아닙니다. 가해자 임상에 관여하는 사람들도 지식이 거의 없습니다. 무엇보다 사회 전반이 그렇지 않을까요. 심각한 성폭력 사건이 발생해 대대적으로 보도되면, 지금도 '자기가 틈을 보였던 거 아닌가' '노출이 심한 옷을 입어서겠지' '도망치려고 하면 도망칠 수 있었을 텐데' 하는 목소리가 인터넷 공간을 중심으로 퍼져나갑니다. 모두 '강간 신화'에 해당되는 말들로, 근거 없이 편견으로 가득 차 있음에도 많은 사람은 이를 믿습니다. 이런 믿음이 만연한 사회일수록 성폭력 피해의 현실은 겉으로 드러나지 않습니다. 목소리를 높이는 순간부터 '거짓말이다'라고 비난당하다가 상처만 받고서 끝나리라 예상된다면 피해자는 스스로 침묵을 선택하겠죠. 그렇게 신화가 더 강화되는 악순환이 오랫동안 지속되어왔습니다.

피해자가 입을 열지 않았다기보다는 사회가 입을 막은 것입니다. 이런 사회가 현재까지도 온전히 존속되고 있습니다. 가해자의 '모른다'라는 말은 이러한 양상이 더욱 응축된 것이라 볼 수 있습니다.

피해자의 '그 뒤'를 이야기하는 대화 프로그램

대화 프로그램은 '피해를 알기'에서 시작해 그것으로 끝난다고 해도 과언이 아닙니다.

니노미야씨는 자신이 20대 때 입었던 성폭력 피해에 대해 참가자들 앞에서 자세하게 이야기하고, 편지로도 씁니다. 때때로 너무나 생생하게 표현되는 그 이야기를 수월하게 받아들이는 참가자는 없습니다. 그들의 얼굴에서는 스윽, 표정이 사라집니다. 일제히 표정이 없어지는 광경은 마치 공포영화 같습니다. 우리는 이를 '달걀귀신 현상'이라고 이름 붙였는데, 그에 대해서는 뒤에서 다시 파헤쳐보겠습니다.

그렇기에 니노미야씨는 반복합니다. 기회가 있을 때마다 자신의 피해에 대해 몇 번이나 이야기합니다. 이야기에서는 종종 '산산조각'이라는 단어가 나옵니다. 성폭력 피해로 한 인간으로서 자신의 존엄이, 인생이 산산조각 났다는 의미입니다.

대화 프로그램에는 중간부터 참석하거나 중단하는 사람도 있어, 항상 일정하게 나가고 들어오는 인원이 생깁니다. 참가한 이후로 시일이 꽤 지난 사람은 니노미야씨의 이야기를 몇 번이나 듣고 읽은 셈이 됩니다. 그래서 오래 참석한 사람들은 압니다. 니노미야씨가 전하고 싶은 것은 피해로 산산조각 난 순간보다 오히려 '그 뒤'라는 사실을. 산산조각 난 채로 살아가는 '속박'이라는 것을. 성폭력 피해의 영향은 평생에 걸쳐 나타나기도 하고, 니노미야씨에게도 20년 이상 지속되고 있으므로, 애초에 한 번 이야기하고 말 일은 아닙니다.

피해자가 '그 뒤'를 어떻게 살았는지는 피해의 실태보다 더 알려지지 않았습니다. 예컨대 일본에서는 성폭력 피해를 경험한 사람 중에서 약 75퍼센트가 죽고 싶다는 생각을 한 적이 있다고 합니다. 성폭력 피해 경험이 없는 사람의 약 40퍼센트에 비해 현저히 높습니다(제5회 자살 의식 전국 조사 결과, 2023년). 이러한 과학적 데이터가 많지는 않지만 존재합니다. 하지만 피해 당사자의 말에는 완전히 다른 함의가 있습니다.

"가해행위는, 말하자면 한순간입니다. 짧은 순간의 사건이죠. 하지만 피해자는 그 뒤의 인생이, 이를테면 50년이나 남아 있습니다. 그 50년을 송두리째 뒤집힌 채 엉망진창으로 살아내야만 합니다. 그것이 얼마나 괴롭고 엄청나게 잔혹한지, 지금의 H씨라면 상상하시겠죠?"

2019년 4월 니노미야씨가 쓴 편지

"피해에서 아무리, 아무리 시간이 지나도, 피해를 계기로 목숨을 끊으려는 사람이 실제로 이렇게 있습니다. 아무쪼록 그걸 기억해주세요. 똑바로 바라보고 제대로 받아들여주세요. 그런 상황에 빠진다는 사실을 어떻게든 분명히 알아주세요."

2021년 5월 니노미야씨가 쓴 편지

"피해라는 건 직접적인 가해행위에만 한정되지 않습니다. 피해는 1차 피해, 2차 피해로 확대됩니다. 가해자에게는 그 장소에서 끝나는 일이겠죠. 피해자는 그 직후부터 인생이 급전직하, 격변해버립니다. 그리고 살아 있는 한, 계속됩니다. 피해란 오래오래 지속되는, 그런 것입니다."

2023년 3월 니노미야씨가 쓴 편지

피해자와 가해자가 보내는 시간의 차이

니노미야씨가 편지에 쓴 대로, 각각의 가해는 한순간까지는 아니더라도 극히 짧은 시간 안에 끝납니다. 가해자에게는 피해자와 떨어지는 순간 가해행위가 '완료'됩니다. 하지만 피해자의 인생은 그 뒤에도 지속됩니다. 얼마나 혼란과 고난으로 뒤범벅된 인생일까요. 피해 이전과 이후, 살아가는 의미가 완전히 바뀌어버린 피해자는 얼마나 많을까요.

가해자도 체포되면 그 뒤의 인생은 확실히 바뀌겠죠. 예컨대 가해자 A와 피해자 B가 있고, B가 경찰에 신고함으로써 A는 체포되어 재판에서 5년 실형 판결을 받았다고 합시다. A는 일을 그만둘 수밖에 없을 테고 아내와 자식이 있다면 떠나버릴지도 모릅니다. 성범죄로 수형생활을 하는 사람은 교도소 내에서 무시당할 때도 많으니, 괴롭힘을 겪으며 자신이 피해자가 되는 체험도 할지 모르죠.

저는 수형자와 면회한 경험이 많습니다. 출소 후 재범 방지 프로그램 참가를 원하는 경우, 출소일이 가까워지면 그 사람의 생활 환경 및 경제 상황 평가, 신병

인수인 또는 가족과의 관계 조정 등이 필요하기 때문입니다. 이를 출구 지원이라고 합니다. 그래서 출소가 가까워진 가해자의 머릿속에 피해자는 없다는 사실을 압니다. 가해자는 '직장은 어떻게 될까' '가족과는 잘 지낼 수 있을까' 하고 자신의 고민만으로 머리가 가득 차 있습니다. 형기가 끝나면 '드디어 끝났다' 또는 '뒷감당은 다 했다'라며 이전의 생활로 되돌아가고 싶다는 소망도 내비칩니다.

그런데 똑같은 5년을 피해자 B는 어떻게 보냈을까요. 심신이 산산조각 나버려 일도 못 하고, 은둔형 외톨이가 되어 경제적으로도 곤란해졌을지 모릅니다. 매일같이 PTSD 증상이 괴롭히고, 뭐라도 해보려 해도 플래시백이 예고 없이 찾아와 자해나 자살을 시도했을 가능성도 있습니다. 그 때문에 가족이나 친구 관계에 지장이 생겼다 해도 이상하지 않죠. 앞날이 보이지 않는 정신과 통원 치료, 점점 늘어나는 처방 약, 자포자기 상태에 이른 약물 과용……. B는 원한 적 없는, 모두 A의 일방적인 행동이 초래한 상황입니다.

가해자의 5년은 피해자의 5년과 이토록 크게 벌어져 있습니다. 피해자에게는 아무것도 끝나지 않습니다. 끝나기는커녕 그 뒤 10년, 20년, 30년, 어쩌면 50년 뒤까지 '송두리째 뒤집힌 채 엉망진창'으로 살아야만 합니다. 가해자가 이를 알려면 피해자의 생생한 목소리를 직접 듣는 수밖에 없습니다.

대화 프로그램에서는 우리 스태프들이 먼저 고바야시 미카씨의 저서 등을 권하기도 하고, 참가자 스스로 책을 읽거나 조사해보면서 피해자를 알기 위해 노력하기도 합니다. 하지만 눈앞에 있는 니노미야씨는 입을 떼기 전부터 '피해자의 그 뒤'를 그대로 체현하고 있습니다. 팔에는 자해의 흔적이 무수하게 남아 있지만, 굳이 감추려 하지 않고 민소매 옷을 입습니다. 그저 그곳에 있는 것만으로도 혼란과 고통 속에서 살아온 사람임을 온몸으로 생생하게 말하고 있는 것입니다.

2022년 9월 편지에서 니노미야씨는 자신의 어느 하루 생활을 기록했습니다.

> "3:00 취침
>
> 4:30 기상, 아들 아침 만들기. 오늘 아침은 간단한 볶음밥.

5:00 아들을 깨운 뒤, 빨래 두 차례, 베란다 식물에 물 주기. 아들이 키우는 곤충들을 함께 돌보았습니다.
7:45 등교하는 아들과 함께 밖으로 나갔습니다. 그 뒤는 기억이 흐려져서 솔직히 잘 떠오르지 않습니다.
11:00경 일단 귀가. 해야 할 일이 생각나서 황급히 서점에 갔습니다(얼마 남지 않은 개인전에 매트가 필요해서 주문해야 했습니다).
12:30 오늘은 요코하마시의 의존증 시설에서 미술치료 강의를 하는 날이라, 자전거를 타고 갔습니다.
13:30~15:00 미술치료 강의. 자신에게 중요한 의미가 있는 한 글자를 이용해 그림을 그려보도록 했습니다.
15:30 귀가. 하지만 다시 해리 증상이 찾아와서 한동안 시간이 날아갔어요. 남편이 귀가하는 소리에 퍼뜩 정신이 돌아왔습니다. 그게 16:30. 황급히 저녁을 만들기 시작했습니다. 급하게 생각해낸 메뉴는 고기감자조림. 부지런히 만들었습니다.
17:30 아들 귀가. 가족 저녁 식사.
18:00 아들과 함께 사스케(개) 산책.
18:50 귀가.
19:40 아들 재우기. 20:40경까지.

21:00 여러분에게 보낼 편지를 마저 이어서 단숨에 썼습니다. 그리고 여기에 이르렀네요.
여전히 해리 증상 때문에 몽롱해서 기억이 드문드문 나지만, 뭐, 어떻게든 했습니다. 해리가 닥쳐도 함께 하는 사람들을 생각하면 두려움이 반으로 줄어들죠(웃음).
잠을 못 자서인지 신체적인 통증이 심해서 변함없이 진통제를 끼고 살지만, 테니스공을 이용한 마사지도 게을리하지 않습니다. 열심히 합니다. 그게 그나마 지금 제 몸에 해줄 수 있는 일이라고 생각합니다."

2022년 9월 니노미야씨가 쓴 편지

20년이 넘는 시간이 지났음에도 피해가 끼친 영향은 일상에 짙은 그림자를 드리우고 있습니다. '기억이 흐려졌다' '시간이 날아갔다'라는 표현은 정신적 외상을 체험한 사람에게 많이 보이는 해리성 장애 증상입니다.

니노미야씨는 피해 당시, 그리고 피해 직후부터 해리 증상이 있었습니다. 피해를 당할 때 해리가 일어나는 일은 드물지 않습니다. 그 이후 인생의 기억은 토막 토막 끊어집니다. 편지에 여러 차례 썼기 때문에 많은 참가자가 이미 알고 있습니다. 하지만 이렇게 하루 동안 몇 번이나 해리가 찾아오리라고는 상상도 하지 못했겠죠. 해리도 플래시백처럼 언제 찾아올지 모릅니다. 몇 년 전, 니노미야씨는 외출했다가 계단에서 넘어지는 도중에 해리 증상이 일어나, 크게 다쳐서 구급차로 이송되기도 했습니다.

이 '하루'는 프로그램 참가자들의 가슴에 새겨진 듯했습니다. 그때까지 안다고 생각했지만 구체적으로는 떠오르지 않았던 피해의 현실을 생생하게 실감했을 겁니다.

정도의 차이는 있겠지만, '그 뒤'의 인생에 심각한 곤란을 겪는 피해자가 얼마나 많을지요. 니노미야씨는 '이건 내게만 일어나는 특수한 일이 아니다'라는 말을 전하려고 생존자 동료나 피해 경험이 있는 친구들에게 연락을 취했고, 그중 몇 사람에게서는 대화 프로그램 참가자들에게 보내는 편지를 받아 오기도 했습니다. 성폭력을 당하고서 자신이 자살을 시도했다가 어찌어찌 목숨을 건졌는데, 사정을 알게 된 파트너가 다음날 자살해버렸다……라는 엄청난 '그 뒤'의 사연도 있었습니다. 참가자 중에 '자신이 가해했던 피해자도 똑같은 결말을 맞았을지 모른다'고 상상한 사람이 몇 사람이나 됐을까요. 눈을 돌리지 않고 그런 가능성과 마주할 수 있었을까요.

피해자의 '그 뒤'는 언제까지나 계속된다

2019년 SNS에서 '#성피해자의그뒤'라는 해시태그 운동이 일어났습니다. 같은 해 NHK에서 '성폭력을 생각한다' 취재반이 편성되어, 니노미야씨를 취재하고 이 대화 프로그램도 방송과 기사로 소개했습니다. 이때 '가해자는 피해자가 겪은 그 뒤의 인생을 모른다. 이래서는 진정한 의미의 반성도 사죄도 불가능하지 않은가'라는 니노미야씨의 말이 기사로 게재되었는데, 이 발언에 충격을 받은 한 피해 여성이 해시태그를 생성했습니다. 거기에는 피해를 경험한 사람들의 생생한 목소리가 있습니다. 가족이나 친구들에게 밝히지 않았던, 아니, 가까운 사람들이기에 더욱 말하지 못했던 기억, 증상, 감정이 수없이 담겨 있었습니다. 이를 읽은 니노미야씨는 프로그램 참가자들에게 보내는 편지에서 이렇게 호소했습니다.

"찾아서 한번 읽어보세요. 피해 후 인생이 무너지는 방법도 사람마다 제각각입니다. 하지만 누구나 비참합니다. 그런 가해행위를 여러분이 저지른 거예요. 피해 당사자는 이제 용서할 수 없다는 걸 당연한 전제로 두고 있을지도 모릅니다."

2019년 9월 니노미야씨가 쓴 편지

해시태그는 일시적인 운동에 그치지 않고 2024년 현재까지 지속되고 있습니다. 피해자에게 '그 뒤'란 살아 있는 한 계속되고, 슬프게도 새로운 피해자는 매일 생겨나고 있습니다.

"지난 편지에서 제가 '#성피해자의그뒤'를 소개했는데, 스스로 검색해보거나 찾아본 분이 있나요? 찾아봤을 때 어땠나요? 무엇을 느끼셨나요?
'#성피해자의그뒤'는 제가 '가해자들은 피해자의 그 뒤를 거의 모른다'라고 말했던 것을 계기로 어떤 피해자분이 '가해자들에게 피해자 자신들의 현실을 알려 주고 싶다'고 결심해 만들어진 해시태그입니다. 그러니 여러분이 실제로 찾아보았다면 무척 큰 의미가 있고, 의의가 있습니다. 아직 스스로 찾아보지 않은 분들, 꼭 직접 찾아보세요. 물론 힘들면 심호흡하거나 쉬엄쉬엄하셔도 되니, 때때로 다시 봐주세요. 피해자의 절실한 바람이 담긴 해시태그입니다."

2020년 11월 니노미야씨가 쓴 편지

"'#성피해자의그뒤', 아주 짧은 소개라 죄송합니다만, 검색하면 눈 깜짝할 사이에 몇십 건, 몇백 건이나 나옵니다. 이렇게 많은 사람이 지금도 '성폭력 피해, 그 뒤'를 살아가고 있는 현실을 볼 수 있습니다. 피해자에게 피해와 '피해, 그 뒤'가 있다는 사실(가해자 역시 그렇듯이!)을 어떻게든 항상 마음 한구석에 품어주세요. 그리고 하루에 1분이라도 좋으니, 피해자의 피해 그 뒤를 생각해주시길 바랍니다. 새삼스럽게 부탁합니다."

2022년 10월 니노미야씨가 쓴 편지

'스스로 찾아보세요'라는 호소가 핵심 중 하나라고

저는 생각합니다. SNS에 스스로 접속하지 않으면 일련의 글들은 읽을 방법이 없습니다. 가해자에게 피해자의 '그 뒤'는 적극적으로 알려고 들지 않는 한, '보이지 않는 것' 또는 '없는 것'이 되어버립니다. 그뿐만이 아닐지도 모릅니다. 사회에서 살아가며 평소 아무렇지 않게 눈에 들어오거나 일상적으로 이야기되는 일이 아니니까요. 외면하겠다는 마음을 먹으면 얼마든지 그렇게 할 수 있죠.

가해자는 누구보다 피해자를 알아야 합니다. 해시태그에는 얼굴도 본명도 모르는 피해자들의 '그 뒤'가 엮여 있습니다. 그 글들을 읽고 '내가 성폭력으로 피해자에게 빼앗은 것은 무엇인가'를 생각해달라고 니노미야씨는 호소한 것입니다.

가해자가 짊어져야 할 세 가지 책임

피해자에 대해 안다, 그리고 잊지 않는다. 이는 가해자에게 지워진 '책임'입니다. 가해자 임상에서는 그들에게 세 가지 책임이 있다고 봅니다.

첫 번째가 '재발 방지 책임'입니다. 두번 다시 성폭력을 저지르지 않아야 한다는 건 지극히 당연합니다. 그들 자신도 이를 강하게 바랍니다. 피해자를 생각해서라기보다, 체포와 처벌에 대한 공포 때문인 사람도 많겠죠. 그럼에도 지금까지 일상에서 몇백 번, 몇천 번이나 반복해온 가해행위를 손에서 놓기란 간단하지 않으므로, 그 책임을 다하려는 진지한 노력에는 의미가 있습니다. 재범 방지 프로그램에 지속적으로 참여하는 것도 이러한 재발 방지 책임의 일환입니다.

두 번째는 '설명의 책임'입니다. 왜 자신은 이토록 심각한 짓을 했을까. 왜 성을 매개로 한 폭력이어야만 했을까. 자신이 저지른 짓임에도 그들은 놀라울 정도로 그에 대해 말할 언어를 지니고 있지 않습니다. 프로그램에 다니면서 같은 문제로 씨름하는 동료들과 함께 언어를 획득해, 이전의 가해행위를 되돌아보고 자신의 언어로 다른 사람이 이해할 수 있도록 이야기한다…… 그렇게 되기까지 몇 번이나 '변화의 단계에서 생기는 고통'을 극복해야 합니다. 그들에게는 그렇게 해야만 할 책임이 있습니다.

마지막이 '사죄와 속죄'입니다. 이에 대해서는 4장

에서 자세히 설명하겠습니다.

강박적 성행동에 탐닉하다 행위 의존이라는 문제에 빠져버렸다면, 거기서 회복할 책임을 찾아야 합니다. 그러지 않으면 그들은 언제까지나 가해자로 남아, 새로운 피해자를 만들어낼 수 있습니다. 가해행위를 멈출 책임은 그들 자신에게 있습니다.

세 가지 책임은 어느 것이든 그 사람 안에 피해자가 부재해서는 완수하지 못합니다. 저처럼 가해자 임상에 관여하는 사람도 명심해야 할 점입니다. 우리에게는 가해행위를 저질러온 그들이 클라이언트이지만, 동시에 그 배후에 셀 수 없는 피해자가 있음을 항상 의식해야만 합니다. 그런 의미로는 피해자 또한 클라이언트로 인식한다는 점에서, 가해자 임상은 '이중 클라이언트 구조'를 기본으로 합니다.

가해자에게는 다양한 '단락'이 있습니다. 그들이 무엇보다 두려워하는 것은 체포입니다. 체포당하지만 않으면 '성공'이라고 여깁니다. 피해자가 경찰서에 신고해 수사가 시작되어도 가해자를 특정하지 못하는 경우가 있습니다. 그대로 시효가 끝나기도 합니다. 일본 형법에서 공소시효는 2023년에 개정되어 5년 연장

되었지만, 18세 이상의 성인일 경우 '부동의성교등죄'* 의 시효가 15년, '부동의외설죄'**가 12년입니다. 다른 국가들과 비교해도 무척 짧은데다, 피해자가 피해 직후 바로 신고하기 어려운 사정을 감안해서 재검토해야 한다는 목소리가 높습니다.

시효가 끝나면 검찰이 기소하지 못하므로, 즉 가해자를 처벌하지 못하게 되므로 그들에게는 '따돌렸다'라고 할 만한 상황이 됩니다. 그들은 자신이 한 짓을 '없었던 일이 되었다'고 받아들입니다.

또한 체포된다고 해도 합의가 이루어지거나 불기소 처분을 받으면 '끝났다'고 느끼는 가해자가 많습니다. 물론 그들의 착각에 지나지 않지만, 가해자에게는 이 정도로 마무리되었다는 '그릇된 성공 체험'으로 축

* '강간'과 '준강간'에 해당하는 '강제성교죄'와 '준강제성교죄'를 통합한 명칭으로, '동의 없는 성행위는 범죄가 될 수 있다'라는 점을 명확히 밝히고 있다. 폭행이나 협박이 없더라도 술·약물 등으로 의식이 명확하지 않거나, 오랜 학대를 당했거나, 사회·경제적 지위의 차이가 있어 거부하지 못하는 경우 등 '피해자가 동의하지 않는다는 의사를 표하기 어려운 상태'에 적용된다.—옮긴이

** 한국의 '강제추행죄'에 해당한다. 한국에서는 '외설'이라는 말이 이제 거의 쓰이지 않는 데 반해, 일본어의 '외설わいせつ'은 성추행, 불법촬영, 신체 노출 등 여러 형태의 성적인 폭력을 포괄하는 단어로서 언론 기사, 법조문 등에서 광범위하게 사용된다.—옮긴이

적됩니다. 기소되어 피고인으로 법정에 서서 집행 유예가 선고되면 그 기간에는 '재범해서는 안 된다'는 의식이 비교적 강해서, 재범 방지 프로그램에 다니는 사람 중에는 이를 계속 치료받을 동기로 받아들이는 사람도 있습니다(물론 그럼에도 재범하는 사람이 있습니다). 그런데 기간이 만료될 즈음이면 재범하지 않겠다는 동기가 흔들리는지, 위험성이 갑자기 높아집니다. 집행 유예 기간이 불과 얼마 남지 않은 시점에 재범을 저지르는 사람을 저는 몇 명이나 보았습니다.

실형 판결이 나면 형기가 끝날 때, 즉 출소 직후가 하나의 큰 단락이 되어 이때 다시 위험성이 높아집니다. 출소 직후가 요주의 기간인 셈입니다. 일본 교도소 내에서는 특별 개선 지도의 일환으로 통칭 'R3'이라고 불리는 성범죄 재범 방지 프로그램이 있지만, 성범죄 사건으로 수감된 전원이 받을 수 있는 것도 아니고, 받을 자격이 있지만 거부하는 사람도 있습니다. 형기를 마치고 출소할 때는 말 그대로 '징역을 마쳤다'고 느끼는 사람이 대부분입니다. 세간에서도 '죗값을 치렀다'고 말합니다.

가해자가 이렇게 다양한 단락을 맞이하는 데 반해,

피해자에게 단락이란 없습니다. 혼란과 괴로움에서 얼마간 빠져나갈 때가 온다고 해도, 그게 언제일지는 모릅니다. 몇십 년 뒤일지도 모르죠. 빠져나왔다고 생각했다가 되돌아가는 사람도 많습니다. 프로그램 참가자가 니노미야씨에게 편지로 이렇게 쓴 적이 있습니다.

"새삼스럽게, 피해자분에게는 아무리 시간이 흘러도 괴로움이 계속된다는 걸 제 눈으로 보았습니다. 단 한 번의 피해인데 평생 거기에 끌려다닌다면 무척 가혹하고 불공평하다고 생각합니다. 가해자는 정해진 형사 처벌을 다 받거나 민사상의 책임(예컨대 합의금 등)을 다하면, 일단 해야 할 건 했다는 식이 되니까요. 그리고 많은 사람이 사건을 잊고 앞날만 생각하려 하죠. 이런 차이가 불공평하다고 느낍니다."

2019년 3월 니노미야씨에게 온 편지

이렇게 쓴 참가자에게 니노미야씨는 우선 "답장을 주셔서 감사합니다"라고 한 다음, 말을 이었습니다.

"가해자는 정해진 형사 처벌이 끝나면 사건을 잊고 앞날만 생각하려 하지만 피해자는 그렇지 않다. 이런 차이에서 불공평함을 느낀다고 K씨는 쓰셨지요. 저도 그렇게 생각합니다. 가해자에게는 시효가 있지만, 피해자에게는 없다고요. 가해자에게는 책임과 보상이 '이제 끝난 것'이 되었다 할지라도, 피해자에게 그건 결코 '끝난 것'이 아닙니다. 한번 피해를 입으면 피해자의 그 뒤 인생은 송두리째 뒤집힙니다. 그렇게 뒤집힌 인생은 두번 다시 원래대로 돌아가지 않아요.

K씨 말씀대로, 아무리 환경이 바뀌더라도 다시는 범행을 저지르지 않고 살아가겠다는 결심을 지켜주십시오."

2019년 4월 니노미야씨가 쓴 편지

"가해자에게는 시효가 있지만, 피해자에게는 없다." 이 말은 2017년 7월, 1회차 대화에서 참가자 50명을 앞에 두고 니노미야씨가 던진 메시지이기도 합니다. 피해의 영향으로 손에서 놓아버리거나 포기했던 일들의 무게, 그런 상황이 앞으로도 계속될지 모른다는 절망감. 그걸 피해자에게 안긴 사람이 누구인가, 하는 물음을 프로그램 참가자들은 한시도 잊어서는 안 된다. 저는 니노미야씨에게서 강한 호소력을 느꼈습니다. 참가자들에게는 어떤 울림이 있었을까요.

피해자에게 엄습하는 '기념일 반응'

피해자에게는 어떤 단락이 있을지 억지로 꼽아본다면 '기념일 반응'이 해당하리라 생각합니다. PTSD에 일련의 일들이 더해집니다. 성폭력 피해를 당한 날이 다가오면 기분이 우울해지거나 답답해지거나 컨디션이 저하되는, 몸과 마음이 힘든 상태가 찾아온다고 합니다. 매년 경험하는 사람도 많아서, 그중에는 이 시기에 병원·상담센터 등을 예약하거나 중요한 일은 미뤄두는 등 미리 대비하는 사람도 있습니다. 일상생활에 지장이 생기는 사례도 많다고 합니다.

니노미야씨의 기념일은 1월에 있습니다. 앞서 언급한, 계단을 내려가던 중에 해리가 덮쳐 크게 다친 사고도 기념일 반응으로 일어났습니다.

"겨울. 여러분에게 겨울은 어떤 계절인가요? 제게는 피해를 입은 계절입니다. 1월의 어느 날 밤, 저는 피해 사건을 겪었습니다. 그래서 1월이 다가오면 서서히, 서서히 상태가 나빠집니다. 그런 걸 '기념일 반응'이라고 하죠. 여러분에게도 기념일 반응이 있다는 걸 예전에 듣고서 놀랐던 기억이 있습니다. 우리 피해자에게 기념일 반응이란, 그날이 다가오면 플래시백이 일어나거나 컨디션이 지독히 나빠지거나, 어쨌든 상태가 안 좋아집니다. 자신이 더럽혀지는 느낌도 강해지고, 몸이 경직되고, 토할 듯한 기분도 솟구치죠. 제게 겨울은 그런 계절입니다."

2020년 11월 니노미야씨가 쓴 편지

"기념일 반응이 다시 시작되어 수면 시간이 뚝뚝 끊어지고 짧아졌습니다. 하루에 거의 두세 시간밖에 못 자는데, 짧게 끊어지기까지 하니 역시 몸이 아프네요. 몸의 통증이 심해지면 우울감도 높아지죠. 하지만 일상은 기다려주지 않으니, 진통제를 먹습니다. 어딘가 외출할 때도 진통제를 갖고 나가지 않으면 불안한 오늘, 요즈음입니다."

2020년 12월 니노미야씨가 쓴 편지

"올해도 12월에 들어서면서 이인증*이 심해져 항상 몸에서 자신이 붕 떠 있는 듯, 우주를 떠다니는 듯한 느낌이 듭니다. 일상을 살고 있는데도 왠지 비일상적으로 느껴지기도 하고요. 풍선처럼, 그렇죠. 제 손에 간신히 끈이 하나 묶여 있는데, 저는 제 몸과 떨어진 풍선 속에 있는, 그런 느낌이에요.
이런저런 일들이 뭐 하나 실감 나지 않고, 그러다 보니 평소라면 충격적이라고 할 만한 일도 '아, 그런가 보네' 하고 붕 뜬 채로 지나쳐버리는 상태입니다."

2022년 12월 니노미야씨가 쓴 편지

매년 11월부터 2월까지의 편지에서 기념일 반응을 썼기 때문에, 대화 프로그램에 오래 참가한 사람은 확실히 기억할 겁니다. 최근 2, 3년 동안에는 12월이 되면 니노미야씨의 상태를 염려하는 메시지를 덧붙이는 참가자가 여럿 있었습니다.

* 離人症. 자신이 신체적으로나 정신적으로 낯설게 느껴지거나 현실감이 떨어지는 증상으로, 해리성 장애에서 가장 두드러지는 증상이다.—옮긴이

피해자와 가해자에게 일어나는 공통 현상

대화를 거듭하는 동안 기념일 반응이야말로 참가자가 피해를 이해하는 데 핵심적인 열쇠임을 알게 되었습니다. 그도 그럴 것이, 질적으로는 다르지만 가해자에게도 비슷한 반응이 있기 때문입니다.

> "제 기념일은 직장에서 제 문제 행동이 발각된 날(그 이후, 결론이 나기까지 며칠 동안)입니다. 반응은 TV 뉴스에서 자신의 문제 행동과 유사한 사건이 보도되는 걸 봤을 때와 비슷한데, 가슴 한가운데가 확 무거워지는(납덩어리가 가라앉는) 느낌입니다. 자신이 한 짓을 자각하고 있구나, 하고 스스로 부감하듯 생각하며 마음을 진정시킵니다."

2023년 1월 니노미야씨에게 온 편지

그들에게 기념일은 가해를 한 날이 아니라, 앞서 소개했듯 대체로 가해행위가 주변에 발각된 날, 체포된 날, 재판 판결이 나온 날입니다. 자신의 범죄 때문에 이혼한 날을 기념일로 든 사람도 있습니다. 어처구니

없다고 생각하실지 모르지만, 체포는 그들에게 가장 충격적인 사건입니다. 자신을 부르는 경찰관의 목소리, 수갑의 차가운 감촉, 이뿐만 아니라 그날의 기온이며 주변 목소리까지 기억에 새겨집니다.

그 시기가 가까워지면 스스로 그때를 떠올리고 있다고 확실히 인식하기도 전에 심신이 먼저 반응합니다. 저는 이 또한 기념일 반응이라고 불러야 한다고 생각합니다. 자기 몸에서 실제로 뭔가가 일어난다고 하면, 그 연장선으로 타자, 그중에서도 가장 멀리 있다고 생각되는 타자인 피해자에 대해서도 현실감 있게 생각할 수 있지 않을까요.

실제로 피해자와 가해자에게 공통으로 일어나는 현상은 기념일 반응 외에도 몇 가지나 있습니다. 피해자와 가해자는 틀림없이 정반대 입장입니다. 당연히 겪은 사건의 대부분이 비대칭적입니다. 하지만 예를 들어,

기념일 반응이 있다

편견 어린 시선 때문에 사회에서 고립된다(무시당한다)

다시 일어서려고 할 때, 배제와 고립이 저해 요인이 된다

주변 사람들에게 비난을 받아 대인관계에 지장이 생긴다
취업이 어렵고 경제적 자립이 불가능해 빈곤에 빠지기도 한다
연애 관계, 결혼에 지장이 생긴다

와 같은 일 등은 피해자, 가해자 누구에게나 일어날 수 있습니다. 피해자와 가해자의 배경은 정반대지만, 편견과 고립이라는, 겉으로 드러난 현상은 비슷합니다.

물론 성폭력 가해로 존엄을 짓밟은 사람이 없다면 피해자는 생겨나지 않았을 겁니다. 공통 현상이 있다고 할지라도 그 함의에 따라 취해야 할 대책까지 모두 같아서는 결코 안 됩니다. 하지만 저는 이들의 공통점을 보며, '성폭력'이라는 상황 자체를 둘러싼 문제는 피해자나 가해자 개인이 아니라, 사회에 그 뿌리를 내리고서 발생한다고 생각할 수밖에 없습니다.

살인이나 강도 사건이라면 피해자가 '당한 쪽도 잘못이 있지 않나' '오히려 자기가 유혹했을 가능성도 있다'라는 말로 비난받을까요. 참담한 현실이지만, 지금의 사회에서는 성폭력 피해자에 대한 편견이 여전히 뿌리 깊습니다.

사회에서 피해자가 어떻게 취급되는지, 그런 대접을 받고 피해자가 어떤 생각을 할지 고민해보는 것도 '피해자의 그 뒤를 안다'에 포함된다고 봅니다.

2023년 1월 프로그램에서는 니노미야씨가 편지에서 '당신 자신의 기념일은 언제입니까? 그날 어떤 반응이 일어나고, 그에 어떻게 대처합니까?'라고 물었습니다.

"제 기념일 중 하루는 1월에 있습니다. 두 번째로 체포된 날이고, 형이 죽은 날입니다. 형이 제게 '속죄해라'라는 말을 남긴 느낌이 듭니다. 매년 그즈음이면 되돌아봅니다. 다만, 이것을 '반응'이라고 생각하지는 않습니다. 상처 입지 않은 가해자는 기념일을 '설정'하고 있을 뿐이라고 봅니다. 자신이 저지른 짓을 잊지 않으려고 설정한 기념일이죠. 피해자분들과 똑같다고 생각하기 어렵습니다."

"체포된 날, 판결이 나온 날, 아내에게 알려진 날이 제게는 잊을 수 없이 중요한 날입니다. 아직 1년도 지나지 않아서 반응이 나타난 적은 없지만, 지금도 어제 일처럼 매일 되돌아봅니다. 두번 다시 재범하지 않고 살아가도록, 앞으로도 그날의 일, 그때의 감정을 진지하게 떠올리며 살아가려 합니다."

"내 기념일은 사건을 일으키고 붙잡힌 4월과 체포된 1월. 아직 어떤 반응이 나타날지 모르겠지만, 피해를 입혔다는 것과 도움 주던 이들을 배신했다는 것에 자책과 후회를 느끼리라 생각한다."

"제가 처음 문제 행동을 했던 날입니다. 기념일 반응이라고 부를 정도로 큰 변화는 없지만, 5년 전 오늘, 제가 사람의 길에서 벗어났음을 강하게 실감했습니다. 그때부터 인생이 멈춰 있는 것 같습니다. 가해자도 슬립slip(재발)하지 않는 날을 하루하루 쌓아나갈 수 있다고 믿고, 숙연하게 노력하려고 합니다."

"굳이 말하자면, 경찰 조사를 받은 날입니다. 그때 지났던 귀갓길로 지금도 다니기 때문에 등 뒤에 같은 사람이 줄곧 따라다니는 게 아닐까 하고 생각하면 무척 불안해집니다. 분명히 피해자도 똑같은 기분이겠구나, 하고 깨달았습니다."

2023년 1월 니노미야씨에게 온 편지

여기서 소개한 글들은 비교적 오래 대화 프로그램

에 참여한 참가자들이 썼습니다. 가해한 자신에게 기념일이란 '피해자를 떠올리고 재범하지 않겠다며 새롭게 결의를 다지는 하나의 단락'이라는 글을 쓴 참가자가 한두 명이 아니라는 점에서 저는 대화 프로그램을 계속해온 보람을 느꼈습니다.

니노미야씨는 이따금 농담을 섞어 "사이토씨, 그들은 좋은 방향으로 가고 있는 거겠죠?"라고 제게 묻습니다. 행동 변화의 속도는 개인마다 다르지만, 만날 때마다 바뀌었다고 느껴지는 사람은 별로 없습니다. 가해자 임상이란 '세 발짝 나아갔다가 두 발짝 뒷걸음질' 치는 과정의 반복입니다. 바람직한 변화가 보였나 싶다가도 다시 그들 속에서 피해자의 존재를 누락시키거나, 자신의 가해행위를 남 일처럼 이야기하거나, 때로는 듣는 입장에서 어안이 벙벙한 발언을 하거나, 아, 다시 몇 걸음 후퇴했구나, 하고 생각하게 만듭니다. 그럼에도 대화 프로그램을 막 시작했을 때라면, 열의를 품고 참여하는 사람조차 가해자의 기념일 반응에 대해 앞선 내용과 같은 글은 쓰지 못했으리라 생각합니다. 니노미야씨가 때때로 "하루에 1분이라도 좋으니, 피해자를 떠올려주세요"라고 호소하며 자신의 피해,

그리고 피해 이후의 여러 증상을 자세히 이야기했고, 생생한 목소리를 전하면서 그들의 목소리에도 귀 기울여왔기에 다양한 이야기가 나오지 않았을까요.

피해자도 가해자를 알게 된다

대화 프로그램에서는 니노미야씨가 '가해자를 알게 되는' 순간도 종종 목도합니다. 얼굴을 마주하고 나누는 말에서, 그때의 표정과 반응에서, 그리고 편지 속에 엮인 문장에서 니노미야씨만이 아니라 저도 '가해자에게는 이런 면모가 있구나' 하고 깨닫습니다. 그들 역시 니노미야씨를 향해 생생한 목소리를 전하고 있는 거죠. 그중에는 눈앞에 있는 피해 당사자에게 직접 말해도 되나 싶은, 눈살을 찌푸릴 만한 발언도 있습니다. 하지만 그럴 때야말로 니노미야씨는 "가르쳐줘서 고맙습니다" "솔직하게 써줘서 고마워요"라고 답합니다. 저는 이를 프로그램 1회차 당시, 죽 늘어앉은 50명의 참가자를 앞에 두고 했던 "와주셔서 감사합니다"라는 말과 똑같은 의미로 받아들입니다. 이렇게 말이 오가는 모습을 보며, 피해자 또한 가해자를 참 모르는구나, 하고 생각했습니다.

니노미야씨는 피해 이후의 인생을 '왜 내가 이런 일을 당한 걸까' '왜 나였을까Why me?'라는 의문과 함께 살아왔습니다. 여기에 대답할 수 있는 사람은 한 인간을 '목표물'로 삼아 가해한 그들밖에 없습니다. 그리고 대화를 계속하는 동안, 니노미야씨 안에는 새로운 질문, '왜 성을 이용한 폭력이어야만 했을까'도 생겨났습니다.

피해 당사자만이 아니라 사회 또한 성폭력 가해자를 모릅니다. 성폭력은 근절하기가 어렵다고들 합니다. 거기에는 몇 가지 이유가 있겠지만, '가해자의 실제를 모른다'는 점이 중요한 의미를 지닌다고 생각합니다.

'성욕을 주체하지 못해 성추행을 했다' '괴물' '인기가 없어서 여성을 덮칠 수밖에 없었다'와 같은, 여전히 존재하는 성폭력 가해자의 이미지는 편견에 지나지 않습니다. 잘못된 가해자상이 퍼지면 퍼질수록 진짜 가해자를 숨겨주는 방패가 되어버립니다. 모습을 드러내지 않고서 가해행위를 계속하는 그들을 멈추려면 무엇을 해야 하는지가 대화 프로그램을 통해 보이기 시작했습니다.

가해자는 얼버무려 넘기는 데 능합니다. 앞서 언급했듯이, 틈만 나면 자신이 한 짓을 과소평가합니다. 편지에도 '솔직하게 쓰는' 게 아니라 '남의 눈을 의식한 내용을 쓰는' 참가자를 자주 봅니다. 요는 모범 답안입니다. 그러던 이들도 니노미야씨에게 "고맙습니다"라는, 타자를 존중하는 말을 들으며 변화하기 시작했습니다. 아무에게도 말하지 않았던 자신의 속내나 솔직한 마음을 써도 괜찮구나, 하며 가해자가 자신의 존재를 밝히게 된 것입니다. 즉 프로그램을 지속해나가는 가운데, '가해자란 누구인가'가 본인들에게서 떠오르기 시작했습니다.

자신이 한 짓과 대면하지 못하는 가해자

대화 프로그램 참가자를 보고 있으면, 성폭력 가해를 반복해온 사람들은 이렇게나 자신과 대면하지 못하는구나, 하고 깊이 깨닫게 됩니다. 구체적으로 말하자면, 자신이 저지른 가해행위가 타인에게 상처를 주었다는 사실을 직면하지 못합니다. 적극적으로 참가하며 프로그램에 의욕을 보이는 사람이라 해도 자신과 마주하는 단계에 이르면 변화에 대한 반발과 저항감에서 주저하는 모습을 보입니다.

그럼에도 그들에게는 자신과 마주해야 할 이유가 있습니다. 지금은 문제 행동을 멈췄고 재범하지 않는다고 해도, 가해를 저질렀을 때와 다르지 않은 마음가짐으로 살고 있다면 언젠가 범죄를 다시 일으키는 것도 이상하지 않기 때문입니다. 내면이 바뀌는 것, 무슨 일이 있어도 가해행위를 택하지 않는 사람으로 변모하는 것, 주변을 상처 입히지 않는 하루하루를 보내는 것, 이는 자신과 대면하지 못한 채로는 실현되지 않습니다.

그러나 사람은 그리 간단히 변하지 않습니다. 여기에는 많은 사람이 공감하지 않을까요. 변하는 게 좋다, 변하지 않으면 안 된다고 생각할수록 행동 변화 앞에 놓인 장애물은 높아집니다.

가해자 임상에서는 참가자의 내면, 즉 가해자의 책임성에 처음부터 가까이 가려 하면 오히려 방어적인 태도로 숨어버린다고 합니다. 재가해율이 높아질 위험성이 있다는 연구 보고도 있을 정도입니다. 굴속에 있는 동물을 밖에서 막대기로 찌르면 오히려 구멍 안쪽으로 기어드는 것과 비슷합니다. 효과적으로 변화를 촉진하려면 단계를 밟아야 합니다. 저는 이를 '가해자 임상의 변화 단계 모델'이라고 부릅니다.

재범 방지 프로그램은 크게 나누어 ① 인지행동요법에서 위험도가 높은 상황 및 트리거, 대처 방법 등을 배워 자기 제어 기술을 몸에 익히는 단계, ② 자기 대화self-talk, self monitoring 기술을 통해 자기 나름대로 '인지 왜곡'에 대응하는 방법을 습득하는 단계, ③ 가해행위의 책임과 대면해 피해자의 감정을 이해하는 단계, 이렇게 차례로 이루어집니다.

프로그램에 오래 참석하면서도 ①단계에 머물러 있는 사람이 있다면, 재범하지는 않지만 ②단계에서 악전고투하는 사람도 있습니다. ②까지 왔다가 다시 ①로 후퇴하는 사람도 있습니다. 한 가지 말할 수 있는 건 ①에서 ②로 가는 것에 비해 ②에서 ③으로 가는 것이 그들에게는 너무나 큰일이라는 점입니다.

클리닉에 통원하는 그들에게는 적어도 '나약한 자

신과 대면하고 싶다' '재범하고 싶지 않다'라는 의사가 있다고 저는 받아들입니다. 그렇다면 자신과 마주하려는 그들을 방해하는 것은 대체 무엇일까요.

언제까지 도망치면 되는 건가

참가자 중에는 자신과 대면하기를 바라지 않는 사람도 있습니다. 재범하지는 않으니 그걸로 충분하다는 사고방식입니다. 재범하지 않는 건 무엇보다 중요합니다. 아마 피해 당사자도 사회도 가장 바라는 바겠죠. 하지만 그것만으로 괜찮을까요. 대화 프로그램에서 니노미야씨는 이렇게 말합니다.

"여러분의 편지를 읽어보고서, 역시 자신과 대면하기, 자신의 죄와 대면하기를 피하려고 하는구나, 그게 쓰라리고 힘들구나, 하고 새삼스럽게 느꼈습니다. 하지만.

자, 대체 언제까지 도망치면 되는 건가요?

어디까지 도망치면 끝날까요?

아마 어디까지 가더라도 여러분이 저지른 죄에서 완전히 도망치지는 못하리라고 저는 생각합니다. 그러니 이제 도망치지 않고, 제대로 맞서면 좋겠습니다. 지금 여기서요. 네, 그러기를 바랍니다.

자신이 만들어낸 피해자의 얼굴을 기억하는 사람, 기억하지 않는 사람, 다 제각각이라는 걸 이번 회차에 새삼스럽게 알았습니다. 기억하는 사람은 꼭, 그 기억을 불러내어 똑바로 마주해보세요. 그리고 지금 그 피해자가 어떤 표정을 짓고 있을지 상상해보세요.

기억나지 않는 사람은 지금 자신에게 가장 소중한 사람이 피해를 입었다고 생각해보세요. 소중한 사람은 대체 어떤 표정일까요. 어떤 표정을 짓고 있을까요. 그런 걸 보고 싶지 않다, 무섭다! 하고 생각할지 모르겠네요. 하지만 두려움은 눈을 돌리면 돌릴수록 점점 더 커집니다. 이것이 내 두려움의 정체구나, 하고 똑똑히 바라볼 때, 비로소 사람은 두려움에서 해방되는 법입니다."

2021년 4월 니노미야씨가 쓴 편지

언제까지 도망치면 되는 건가. 이 말을 이해하려면

피해 당사자인 니노미야씨가 말하는 '도망치다'의 의미를 이해해야 합니다.

성폭력 피해자는 그 사실에서 도망치지 못합니다. 심신에 커다란 손상을 입어 PTSD로 병원에 다니거나, 인간관계가 틀어지거나, 일을 그만둘 수밖에 없게 되는 등 사회생활 전반에 영향을 받습니다. 언제 회복될지 모를 뿐만 아니라, 평생 회복되지 않을 가능성도 있습니다. 도망칠 수 있다면 도망치고 싶고 피해 입기 전의 인생으로 돌아가고 싶지만, 불가능하기에 오래 오래 고통받습니다.

2022년 NHK가 인터넷으로 실시한 대규모 설문조사에서 3만7000건 이상의 성폭력 피해가 보고되었습니다. 그중에 PTSD를 진단받은 적이 있는 사람은 약 3퍼센트로 소수였지만, '피해 이후에 일어난 일'을 전문가가 분석했더니 전체의 54.1퍼센트에 해당하는 사람이 'PTSD라고 진단할 정도의 상태'임이 유추되었습니다. 극심한 피해의 영향으로 심신을 뒤흔드는 온갖 괴로움에서 벗어나지 못하면서도, 어떤 장애물 때문에 지원이나 치료도 제대로 받지 못한 채 혼자서 괴로움을 끌어안고 있는 피해 당사자가 얼마나 많은지 알 수 있었습니다.

반면에 가해자는 어떨까요. 가해 당시의 일을 성적인 환상으로 재생하며 자위행위에 이용하는 가해자도 있지만, 대부분은 앞서 서술했듯이 가해 기억을 아예 망각합니다. '없었던 일'로 하는 데 능숙하고, 그렇게 함으로써 자신이 한 짓에서 도망칩니다. 과거에 성범죄로 체포된 이력이 여러 번 있는 사람은 재범률이 높다고 합니다. 가해 기억의 망각과 관계가 없지 않겠죠. 재범 방지를 위해 클리닉에 다니는 사람들에게는 적어도 '더는 재범하고 싶지 않다'라는 동기가 있지만, 이러한 동기는 '자신의 문제와 책임에서 도망치고 싶다'라는 마음과 아무렇지 않게 양립합니다.

클리닉에 다니고 있거나 다닌 적이 있는 사람은, 수많은 가해자를 놓고 보았을 때 빙산의 일각입니다. 피해자가 제출한 신고서가 수리되지 않았다, 수리는 되었지만 입건되지 않았다, 합의로 끝나 불기소되었다, 재판에서 집행 유예가 나왔다…… 등 다양한 이유로, 돌이키지 못할 가해를 저질렀음에도 '가능하면 오래 형을 살게 하고 싶다'라는 피해자의 소망과는 너무나 먼 결과를 받아드는 경우가 허다합니다.

그렇게 방면되면 자신이 한 가해의 기억을 더듬어 볼 기회는 거의 없고, 자신과 대면할 기회도 없습니다. 체포는 무서워하면서도 가해행위에 취약한 나날로 아예 되돌아가는 사람도 있습니다.

실형 판결을 받은 사람은 어떨까요. 출소할 때는 교도소에 두번 다시 돌아가기 싫다, 재범은 절대로 하지 않겠다고 생각합니다. 하지만 돈도 없고, 돌아가서 지낼 곳, 도움을 줄 만한 가족이나 지인도 없이 만기를 맞이하는 사람도 있습니다. 그런 상태에서는 출소한다고 해도 어디서 어떻게 살아가면 좋을지 몰라, 혼자서 불안에 시달립니다. 언제 행동으로 표출될지 모르는 욕구를 껴안고 있는 것은 시한폭탄을 목에 걸고 살아가는 것과 비슷합니다. 그런 자신에게서 도망치면 오히려 편해진다고 생각하는 건, 어떤 의미에서 자연스럽겠죠. 그때부터는 자신을 외면한 채로 살아가는 셈이니 재범의 위험성만 높아집니다. 지금으로서는 체포는커녕, 발각되지 않은 채 가해행위를 반복하는 사람이 얼마나 있는지도 모를 정도입니다. 그중에는 성추행을 '조금 만졌을 뿐인데, 뭐'라고 생각하거나 상대방에게 성행위를 강요하면서 '그쪽도 얻는 게 있어'라고 믿어버리는 등 가해행위를 한다는 자각조차 없는 사람도 얼마든지 있습니다.

앞에 소개한 편지에서 니노미야씨는 '책임'에 대한 이야기를 하고 있습니다. 재범 방지 프로그램에 참가하는 그들에게는 자신이 왜 가해를 저질렀는지를 자신의 언어로 정직하게 말할 '설명의 책임', 타자에게 가해가 되는 문제 행동을 반복하던 자신에서 그러지 않고도 살아갈 수 있는 자신으로 변모할 '재발 방지 책임'이 있다고 앞서 설명했습니다. 어떤 책임이든, 도망쳐서는 다해내지 못합니다. 매일 그 책임과 대면하고 진심으로 다시 태어나려 애쓰지 않는 한, 앞으로 그들의 인생은 그저 '재범하지 않는다'라는 생각만으로 걸어가는 데 지나지 않습니다.

피해 당사자의 한 사람인 니노미야씨로서는 납득이 가지 않겠죠. 여기서 그들을 똑바로 마주하며 질문합니다. '앞으로의 인생, 가해자인 자신인 채로 살아가도 괜찮은가요?'라고요.

니노미야씨의 편지에 '무섭다' '두려움'이라는 말이 적혀 있었습니다. 자신이 어떤 나쁜 짓을 했을 때, 그와 대면하는 데에 두려움을 느끼는 것 자체에는 많은 사람이 공감하리라 생각합니다. 자신 안에 있는 부정적인 부분을 파헤치다 보면 이제까지 믿고 있던 뭔가가 무너져버릴지도 모른다, 결국 자신을 부정할 수밖에 없을지도 모른다…… 상상만으로 두렵습니다. 설령 가해로 이어질 잘못된 가치관이라 해도 오랫동안 한 사람의 핵심을 이루던 것이라면 손에서 놓기란 쉽지 않습니다. 아니, 속으로는 놓고 싶지 않다, 가해행위를 계속하고 싶다고 생각할지 모릅니다. '도망치고 싶다'라는 가해자 심리의 배경에는 그런 마음도 있다고 봅니다.

대화하지 않으면 도달하지 못하는 장소가 있다

대화 프로그램 참가자에게 '당신이 지금까지 도망치기만 하고 직면하지 않았던 것을 한 가지 써주세요. 그에 대해 앞으로는 어떻게 할 생각입니까?'라는 질문을 던진 적이 있습니다.

"'가해행위를 해버린 것'입니다. 이번 편지에도 있었지만, 어떻게든 도망치고 싶다, 용서받고 싶다는 생각에 '나를 죽여서 마음이 개운해진다면 죽여줘' 하는 기분이 들기도 합니다. '나 같은 인간이 살아도 되는 걸까' 하는 마음도요. 그건 아닐 거다 싶지만 제대로 언어화하고 행동으로 옮기지 못하고 있었는데, 편지 속 '교정'이 아니라 '갱생'이라는 단어에 퍼뜩 정신이 들었습니다. 계속 갱생, 다시 태어나야 하는 걸까요. '갱생'은 자신의 의지가 아니면 이뤄내지 못하는 거라는 느낌이 듭니다."

"계속 거짓말하고 문제 행동을 했습니다. KP*에게 모두 털어놓고 현재와 확실한 연결 지점을 만들어야 합니다. 과거의 자신을 돌아보며 행동 하나하나를 자기 안에서 대면하고, 잊지 않으며, 이를 매일 지속하려고 합니다. 약간의 변화라도 KP에게 말하고 스스로 SOS를 보낼 것이며, 부족한 부분을 학습하고, 감사하는 마음을 잊지 않을 겁니다. 그리고 누군가는 지켜보고

* Key Person. 회복으로 가는 여정에 동행하는 사람으로서 ① 과거의 범죄 이력과 문제 행동에 대해 알고 ② 위험할 때의 SOS나 재범 시 자백을 받아주며 ③ 트리거가 되지 않는다는 조건을 충족하는 사람이 KP가 될 수 있다.—지은이

있다는 자각과 재범하지 않겠다는 각오를 죽을 때까지 마음에 새기려 합니다."

"클리닉에 오기 전까지는 역시 자신의 문제 행동을 똑바로 바라보지 못했습니다. 무엇보다 대면하는 방법을 몰랐습니다. 그리고 지금은 그 방법을 배워, 하루하루, 어제도 오늘도 재범하지 않는 자신과 만날 수 있었습니다. 내일도 모레도 만나러 가고 싶습니다."

"클리닉에 오기까지는 성의존증과 제가 범한 죄에서 도망치기만 했습니다. '혼자서 나을 수 있다'라고 생각하거나 반대로 '어차피 안 된다'라고 생각하기도 했죠. 상처 입힌 사람들을 전혀 고려하지 않았고, 제멋대로 낫지 못할(낫지 않을) 변명거리를 만들며 계속 도망쳤습니다. 그 사실을 깨달은 지금, 이제는 도망칠 선택지가 없습니다. 계속 대면하며 고민하고 싶고, 계속 살고 싶습니다."

2021년 6월 니노미야씨에게 온 편지

과거에 저질렀던 가해행위, 현재도 자칫 가해행위로 이끌리곤 하는 욕구, 모두 던져버리고 도망치려 하는 자신……. 많은 참가자에게서 비슷한 회신이 왔습니다. 재범 방지 프로그램에서든, 대화 프로그램에서든 그들이 도망쳐온 과거나 지금도 마음속에 있는 도망치고 싶다는 심정 자체를 직접 부정하지는 않습니다. 정직한 태도를 권장하니, 그들은 안심하고 속마음을 써냅니다.

피해를 경험한 사람이 읽으면 용서하기 어렵다고 생각하겠죠. 그러나 이 대화 프로그램에서는 '도망치고 싶다는 마음'을 언어화하는 것 자체에 의미가 있습니다. 우리 스태프와 니노미야씨, 그리고 그들 자신이 '나에게 이리도 약한 면이 있다'라는 사실을 확인할 수 있기 때문입니다. 쓰지 않으면 알 수 없고, 알지 못하면 함께 고민할 지점도 생기지 않습니다.

여기서 주목할 부분은 '대면할 방법을 몰랐다' '혼자서 나을 수 있다고 생각했다'라는 대목입니다. 도망치고 싶은 마음을 억누르며 어떻게든 애써보려고 해도 구체적으로 무엇을 어떻게 하면 좋을지 몰라 우두커니 서 있다가, 역시 도망쳐버리는 게 편하겠지…… 하는 갈등이 드러나 있습니다. '대면할 방법을 모르겠다'에 대해서는 니노미야씨도 '아, 그런 부분이 있구나' 하고 반응했습니다.

혼자서 막다른 데까지 밀어붙이며 다시 바라보고, 반성하고, 언어로 표현하는 건 누구에게라도 어렵지 않을까요. 저도 능숙하게 해낼 자신이 없습니다. 게다가 성 가해행위를 멈추려는 목적으로 클리닉에 다니는 사람들은 자신에 대해 말하기를 무척이나 어려워합니다. 특히 자신의 약하고 부끄러운 부분을 언어로 드러내는 경험을 그때까지 인생에서 회피해왔습니다. 가해행위를 한 사람들뿐만 아니라 남성 전반에 해당하는 경향이 아닐까 싶습니다.

그렇다면 어떻게 자신과 대면할 수 있을까요. 누군가에게 하소연을 늘어놓다가 자신이 한 말에서 스스로 '아, 이런 식으로 생각해볼 부분도 있구나' '내게도 잘못된 점이 좀 있었을지 모른다'라고 깨달았던 경험, 여러분에게는 없나요?

더 나아가서 상대방의 의견을 듣다 보면, 한 가지 일도 다른 각도로 생각해보게 됩니다. 그러면 다시 새롭게 '내가 이런 생각을 하고 있었나'라고 발견하죠. 그런 과정을 반복하며, 자기 안에서 뒤섞이고 모호했던 마음이나 생각을 정리해갑니다. 하소연했더니 '개운해졌다!'라고 느낄 때는 대부분 이런 과정을 밟습니다. 단순히 털어놓아 편해진 게 아니라, 모호했던 부분의 윤곽이 감각적으로 분명해진 것입니다.

다른 사람에게 털어놓음으로써 자신과 대면하는 계기를 붙잡으려면, 상대방에게 잘 전달되도록 이야기해야 합니다. 단어를 잘 선택하고, 상대방이 모를 만한 부분에는 설명을 더합니다. 처음부터 완전히 이해받을 필요는 없습니다. 상대방이 '그건 무슨 뜻이지?' 하고 물어볼 때 더 설명하면 되니까요. 그런 작업을 거듭한 끝에 비로소 자신이 하고 싶은 말을 정리해나갑니다. 혼자서는 이르지 못할 곳에 도달하는 거죠. 저는 그것이 대화의 장점 중 하나라고 생각합니다.

회복이 혼자서는 불가능한 이유

타자에게 성 가해를 몇 번이나 반복했던 사람들에게는 기벽嗜癖 행동을 하는 측면이 있습니다. 성추행이나 불법 촬영과 같은 강박적 성행동에 대한 탐닉이라고도 할 수 있습니다. 의존증은 '고독한 병'이라고도 하는데, 혼자서 회복하기란 불가능하기 때문입니다.

문제를 혼자서 껴안고 있는 동안에는 일시적으로 문제 행동이 멈춘다 해도 언젠가는 재발합니다. 누군가와 연결되고 자신과 대면한 다음에야 회복의 길이 열립니다.

대화 프로그램에서는 니노미야씨를 향해 편지를 씁니다. 저와 니노미야씨가 질문을 던지고 참가자들이 각자 답하는 형식의 왕복 서신이지만, 기분상 니노미야씨와 일대일로 대화하는 느낌을 받는 사람이 많은 것 같습니다. 질문에 대한 답을 고민할 때도, 할당된 용지에 수기로 답장할 때도 참가자들은 진지합니다. 스태프로 함께 있어보면, 집중해서 지켜보게 만드는 면이 있습니다.

쓰는 동안 잊지 말아야 할 점은 '이걸로 니노미야씨에게 뜻이 전해질까' 고민하는 관점입니다. 상대방, 그것도 가해행위를 한 자신들과는 완전히 반대 입장에 있는 '피해자'에게 뜻이 전달될지 생각해야 합니다.

2022년 미국 영화 「매스」가 일본에서 개봉됐습니다. 어느 고등학교에서 총기 난사 사건이 발생합니다. 범인은 같은 학교에 다니는 남학생으로, 동급생에게 총을 쏘아 여러 사상자를 낸 뒤에 자살해버렸죠. 이야기는 범행을 저지른 소년의 부모와 총탄을 맞아 사망한 학생들의 부모가 한방에 모이며 시작됩니다. 실로 긴장감 넘치는 상황입니다. 실제로 있었던 '대화'를 기반으로 제작된 영화라는 점에 저는 놀랐고 감동했습니다.

2023년에는 전통 있는 극단인 '하이유자俳優座'가 호주에서 발표된 각본을 기반으로 「대화」라는 연극 작품을 상연했습니다. 회복적 사법을 중심 주제로 다룬 연극이 있다는 걸 그때까지 들어본 적이 없던 저는 무척 도전적인 시도겠구나, 하고 생각했습니다. 성폭력을 당하고 살해된 여성의 부모와 가해 남성의 가족이 대면합니다. 가해자는 현재 복역 중이어서, 그곳에 모습을 드러낸 사람은 그의 어머니와 여동생, 남동생, 그리고 외삼촌(어머니의 오빠)이었습니다. 사회복지사로 보이는 남성이 진행자로 있었고, 교도소에서 가해자와 상담했던 심리사 여성도 동석했습니다. 이 작품도 실화를 바탕으로 했다고 합니다.

두 작품 다 무척이나 시사점이 풍부했습니다. 상반된 입장의 사람끼리 나누는 대화는 어떻게 시작되고, 어떻게 진행되며, 어디에 다다르는지. 처음에 피해자

가족은 소중한 존재를 잃은 슬픔, 괴로움, 후회, 그 모든 것을 초래한 가해자(와 가해자 가족)에 대한 원망, 증오, 반발을 강한 언어로 표출합니다. 가해자 가족도 하고 싶은 말은 있으니, 양쪽이 말하는 내용은 한곳으로 맞물리지 못하고 평행선을 달립니다. 각자가 놓인 입장이 있으니, 그야 그렇겠다 싶죠. 서로 이해가 될 리 없다고요. 하지만 서로 가슴에 담아둔 게 모두 정반대일까 하면, 결코 그렇지 않다는 사실이 이야기가 진전되어갈수록 명확해집니다.

피해자 가족이든, 가해자 가족이든, 설령 부부라 해도 자식을 향한 시선이나 사건에 대한 생각, 아이를 잃은 뒤의 마음이 반드시 일치하지는 않습니다. 그 차이는 상대방 가족과 대화하는 동안에 서서히 드러납니다. 자신의 슬픔으로만 가득하던 사람들이 '아내/남편은 이렇게 생각하고 있었나' 하고 깨달아갑니다. 피해자 가족과 가해자 가족의 두 어머니가 서로 이해하고 공감하는 듯한 순간도 있습니다.

같은 슬픔을 품고 있어야 할 가족과도 서로 이해하지 못하는 부분이 있습니다. 정반대 입장의 사람과 서로 이해하는 부분도 자신 안에 있고요. 대화로 얻어낸 것에는 정답도 오답도 없지만, 대화하기 전과 후에는 아이, 그리고 아이가 가해자/피해자가 된 사건, 나아가서는 가족을 대하는 방식에 분명히 변화가 생깁니다. 자신과 마주하는 방법도 마찬가지 아닐까요.

대화에는 그런 변화를 끌어내는 힘이 있습니다.

가해자에게도 '해리'가 있는가?

회복적 사법, 회복적 대화가 주제인 두 작품을 접하며 많은 시사점과 용기를 얻은 동시에, 가해자의 가족이 아닌 가해를 저지른 당사자가 자신과 대면하는 데는 특유의 어려움이 있음을 통감했습니다. 대화는 혼자서 하는 게 아닙니다. 상대방의 이야기를 들어야 합니다. 하지만 그들은 일단 '듣지 못하는' 상태입니다. 그 사실을 제게 가르쳐준 것이 앞서 언급했던 '달걀귀신 현상'입니다.

니노미야씨가 자신의 피해에 대해 말하기 시작하자, 참가자들의 얼굴에서 표정이 스읏 사라지던 상황을 말합니다. 저는 프로그램 중에 니노미야씨의 이야기를 듣고 있는 참가자들의 모습을 세세히 관찰하는데, 거의 전원이 일제히 표정을 지워버렸습니다. 듣고 싶지 않다는 마음이 드러나는 것도 아니고 곤혹스러워하는 것도 아닌, 표정이 '없어진다'라는 게 제일 잘 들어맞는 표현일 겁니다. 이야기하는 니노미야씨도 당연히 알아차렸죠. 우리는 여기에 '달걀귀신 현상'이라는 이름을 붙였습니다.

참가자에게 이를 알려주었을 때, 대개는 이상하다는 듯이 고개를 갸웃했습니다. 달걀귀신 같은 얼굴을 했다는 자각이 없는 겁니다. 니노미야씨는 지브리 스튜디오의 애니메이션 「센과 치히로의 모험」에 등장하는 가오나시의 모습을 묘사하며 "여러분은 이런 얼굴을 하고 있었어요"라고 알려주었습니다. 그들에게는 자신의 얼굴이 보이지 않고 가오나시가 되었다는 자각도 없었으므로, 자신이 한 일인데도 놀랐습니다. 덧붙이자면, 그들은 무척 성실하게 프로그램에 임합니다. 니노미야씨의 말을 단 하나도 놓치지 않으려는 진지함이 실내를 가득 채우곤 합니다. 그럼에도 표정이 사라집니다. 제가 가해자 임상에 오랫동안 종사해오면서도 처음 목격한 현상이었습니다. 대화 프로그램

외의 재범 방지 프로그램 현장에서는 한 번도 경험한 적이 없습니다. 저와 니노미야씨는 이 현상에 어떤 의미가 있을지 여러 차례 이야기를 나누어보았습니다. 표정이 없어짐과 동시에, 그들 안에 있는 감정도 멈춰버리는 듯 보였습니다.

결론부터 말하자면, 이 현상은 '방어기제'에 가깝지 않았을까요. 방어기제의 본래 의미는 위험에 처하거나 곤란한 상황에 놓였을 때, 강한 고통이나 불안을 회피하려는 심리의 발동입니다. 성폭력 피해의 상세한 부분이며 그 이후 평생 지속될지 모르는 영향에 대해 피해 당사자에게 직접 듣는다는 건, 그들에게는 '당신이 다른 사람에게 이런 지독한 짓을 했다'라고 추궁당하는 것과 똑같습니다. 실제로 사람을 짓밟는 짓을 하고도 그것이 어느 정도로 심각한 문제인지는 모르는 채 가해행위를 거듭해온 것입니다. 그걸 이야기하는 니노미야씨의 목소리가 귀에 들어오기는 해도 머리나 마음속까지 들이고 싶지는 않겠죠. 무의식적으로 단절시키다 보니 표정이 사라지지 않았을까요.

이를 '가해자의 해리'라고 부르는 사람도 있습니다. 해리란 의식, 기억, 지각, 감정 등 마음의 기능을 일시적으로 잃어버리는 것으로, 성폭력뿐만 아니라 어떤 재해나 피해를 체험한 사람에게 빈번히 나타나는 현상입니다. 가해자에게도 해리가 있다고 생각해볼 수 있죠. 앞으로 다양한 연구가 진행되어 밝혀지기를 바랍니다. 다만 피해자에게 해리가 일어나면, 스스로 자신을 통제하지 못해 좋든 싫든 거기에 빠지고 맙니다. 반면 대화 프로그램에서 일어나는 달갈귀신 현상은 가해자들이 달갑지 않은 이야기를 들을 때에만 일어납니다. 그 둘의 성격이 똑같다고 이해해서는 안 됩니다. 달갈귀신 현상은 가해자가 얼마나 피해를 직면하지 않는지를 여실히 나타냅니다. 이론이라기보다는 증거, 한눈에 알아볼 수 있는 증거입니다. 하지만 프로그램에서는 이러한 현상도 하나의 기회로 포착합니다. 왜 이것이 가해자 특유의 반응인지, 스스로 고민할 기회 말입니다.

어느 날의 프로그램에서 '피해자의 이야기를 들으면 무의식적으로 표정이 사라지는 가해자의 반응에 대해 여러분 나름의 고찰을 써주세요'라는 주제를 던졌습니다. 몇몇 대답의 일부를 소개하겠습니다.

"자신의 문제 행동을 직시할 때 느껴지는 뭔가를 회피하기 때문이라고 생각합니다."

"피해자분의 이야기를 듣고 제가 해온 짓에 비추어 어떤 감정일지 생각해봤는데, 놀라우리만큼 상대방의 감정을 모른다는 걸 알게 되었습니다. '괴롭겠구나' 하는 지극히 표면적인 인상밖에 없었어요. 스스로도 그게 싫어서 상대방의 마음을 헤아려보려 했지만 잘 되지 않았고, 그래서 표정이 달걀귀신이 되는 게 아닌가 싶습니다."

"피해자와 가해자 사이의 '커다란 벽'인 걸까, 생각했습니다. 가해자가 피해자를 이해하려고 하지 않을 때 달걀귀신이 되겠죠. 피해자를 이해하려고 해도 안 되니까 감정이 없어지거나, 이해하려고 하면 괴로우니까 감정을 지우거나, 어쨌든 가해자 측이 '장벽'을 치다가 달걀귀신이 되는 게 아닐까 싶습니다."

"피해자의 이야기(특히 피해 체험과 직접 관련된 부분)를 들으면 극심한 죄책감을 느낍니다. 의식하지 않아도 강하게 느껴집니다. '나는 나쁜 짓을 했다. 나는 악하다'라는 감각은 자존감을 매섭게 위협합니다. 그래서 무의식적으로 도피하거나 저항하려들겠죠. 느끼지 않으려 함으로써 자신을 지키고 보호하는 거라 생각합니다."

2021년 4월 니노미야씨에게 온 편지

회답을 읽고, 표현은 제각각이어도 방어기제 때문에 달걀귀신이 된다는 가설이 핵심을 벗어나지 않았음을 확신했습니다. 어떤 얼굴을 하면 좋을지 몰랐다는 대답도 있었지만, '그렇다면 이 표정이 정답입니다'라는 쪽으로 유도하려던 질문은 아닙니다. 무표정해서는 안 된다고 할 일도 아니죠. 무의식적으로 무표정을 선택하는 자신에 대해 생각해보고 언어화하기 위한 질문이었으니까요.

니노미야씨가 특히 신경 쓰인다고 했던 답변은 다음 문장들이었습니다.

"자신의 가해행위를 외면하고 싶죠. 떠올리면 스스로 괴로워지니까. 자신의 피해자가 아니면 아무래도 남의 일로 들리니 공감도 안 되고, 자기 일로 치환하지 못하기 때문에 표정에서도 무無의 상태가 된다고 생각합니다."

"니노미야씨의 피해 체험담이 제가 가해했던 피해자의 감정과 결부되지 않아서라고 생각합니다. 니노미야씨의 목소리지, 제 피해자의 직접적인 목소리는 아니라고요. 그래서 남의 일처럼 듣는 게 아닐까, 하고 현재의 저는 고찰합니다."

2021년 4월 니노미야씨에게 온 편지

두 답변의 공통점은 니노미야씨의 이야기를 '자기 일'로 받아들이지 않는다는 점입니다. 이 사람은 내 피해자가 아니다, 니노미야씨의 체험에 불과하다, 그러니 내게는 남의 일이다……. 이런 이야기를 끄집어내는 것도 대화가 아니고서는 불가능하다고 생각합니다.

만약 똑같은 생각을 하고서도 '이건 안 쓰는 게 좋겠다'라고 판단했던 참가자나, 이런 회답을 공유하면서 '나도 비슷하게 생각했다' 하고 깨달은 참가자도 있을지 모릅니다. 니노미야씨는 답변한 사람만이 아니라 모든 참가자를 향해 이런 편지를 보냅니다.

"제 체험담이 자신이 가해했던 피해자의 감정과 결부

되지 않는다, 어디까지나 니노미야씨의 목소리지, 자기 피해자의 직접적인 목소리가 아니니까 남의 일처럼 들린다는 말에 대해 질문이 있습니다.

확실히 지금 여러분 앞에서 말하는 사람은 니노미야이고, 여러분의 직접적인 피해자는 아니죠. 그렇다면 자신이 가해한 피해자가 지금 이 자리에 와서 이야기한다고 했을 때, 여러분은 대체 어떤 얼굴을 할까요? 생각해보세요. 그야말로 달걀귀신이 되지 않을까요? 사태를 받아들이지 못한 채로 달걀귀신이 되어버리지 않을까요?

제 체험은 분명, 어디까지나 제가 한 체험일 뿐입니다. 그래서 몇 번이나 이야기하지만, 제 체험에서 출발해 상상력을 발휘해보세요. 내가 가해한 피해자는 지금 어떻게 지낼까, 상상의 폭을 넓혀보세요. 몇 번이나 반복해서 말씀드립니다.

제 뒤에는 몇십 명, 몇백 명, 몇천 명의 피해자가 있습니다. 아니, 틀림없이 더 많은 피해자가 있을 겁니다. 그들 한 사람, 한 사람에게는 각자 얼굴이 있습니다. 제 이야기를 통해 한 사람, 한 사람의 얼굴을 상상해보세요. 몇 번이나 말씀드리지만, 그렇게 해보시길 바랍니다. 그걸 위해서 제가 여기에 있는 거니까요."

2021년 5월 니노미야씨가 쓴 편지

대화 프로그램을 약 7년 동안 지속하면서 니노미야씨가 '상상의 폭을 넓혀보라'고 호소한 횟수는 셀 수 없이 많습니다. 상상력의 결여는 가해한 사람들 대부분이 안고 있는 과제입니다. 애초에 상상력이 있고 타인의 고통과 괴로움에 생각이 미친다면, 그들은 성폭력을 저지르는 선택을 하지 않았겠죠.

'이건 내 피해자의 목소리가 아니다' '그래서 공감하지 못한다'라는 말은, 달걀귀신이 되는 이유가 아니라 자신을 직면하지 못하는 이유입니다. 그걸 읽는 니노미야씨의 마음도 고려하지 않습니다. 프로그램에서는 정직하게 말하고 쓰기를 추구하지만, 그걸 받아드는 사람의 마음을 아예 무시해도 된다는 말은 아닙니다. 니노미야씨의 지적에는 그런 의미도 포함되어 있다고 생각합니다.

피해자를, 그리고 피해 '그 뒤'를 알려고 노력하다 보면, 때때로 자기 머릿속에 있는 이미지를 훨씬 크게 넘어서는 고통스러운 이야기와 마주칩니다. 받아들이기 어려워하는 반응도 전혀 이해가 가지 않는 건 아닙니다. 거기서 방어기제가 발동해, 귀로는 들어도 머리로는 받아들이지 못해서 달걀귀신 현상이 일어나는 거라면, '이건 내 피해자의 이야기가 아니다'라면서 멀리 물러나 인식하지 않으려는 것도 비슷한 현상이겠죠.

피해자가 생겼다는 사실을 외면하고 싶다

'달걀귀신 현상' 문제는 더 깊이 들여다볼 필요가 있습니다. 다른 기회에 참가자들에게 '피해 사실을 외면하고 싶을 때나 직시하지 못할 때, 당신 안에서는 무슨 일이 일어납니까?'라는 질문을 던졌습니다. 외면하고 달걀귀신이 되어버리는 그때, 자기 내면에서 무슨 일이 일어나는지를 관찰해보자는 질문입니다. 인상적인 답변이 있었습니다.

"'피해자를 외면하지 않는다'라는 건 '나 때문에 피해자가 생겼다'라는 사실을 계속 짊어지고서 살아가는 게 아닐까, 생각합니다. 제가 들을 수 있는 피해자의 목소리는 재판 당시의 피해자 조서와 변호사가 들려주는 정도밖에 없지만, 수형 중에 '피해자가 제게 편지를 보낸다면'이라는 생각에 몰두했습니다. 현재는 프로그램에서 매달 한 번 전해주는 메시지를 통해 피해자의 목소리를 상상하며 말을 겁니다. 피해 사실을 외면하고 싶을 때는 문제 행동에 대한 충동이 높아질 때입니다. 지금까지 두 번 있었습니다."

2022년 2월 니노미야씨에게 온 편지

이에 대해 니노미야씨는 이렇게 답신했습니다.

"피해 사실을 외면하고 싶을 때는 문제 행동에 대한 충동이 높아질 때. 그리고 피해자를 외면하지 않는다는 건 자신의 가해행위로 피해자가 생겼다는 사실을 짊어지고 살아가는 것. 자신이 피해자를 만들었다는 사실은 평생 짊어지지 않으면 안 된다고 저도 생각합니다. 이 책임은 당신밖에 짊어지지 못할 일이기도 하죠. 당신이 저지른 짓에 얽힌 책임이니, 누구 한 사람 대신해줄 수 없어요. 무겁고 힘들고 내던지고 싶을 때도 있겠지만, 피해자 또한 피해에 따른 고통을 짊어지고서 평생 걸어가야만 한다는 점을 기억해주세요."

2022년 3월 니노미야씨가 쓴 편지

이렇게 주고받는 대화에서 저는 가해자가 피해자의 이야기를 듣고 달걀귀신이 되는 한 가지 이유로 '책임을 추궁당하고 싶지 않다'라는 마음이 있는 게 아닐까, 생각했습니다. 피해자의 절절한 체험을 듣다 보면 자신이 비난당하는 느낌이 듭니다. '너 때문에 피해자가 생겼다' '그에 대한 책임을 져라'라는 말을 듣는 건 쓰라립니다. 더 듣고 싶지 않겠죠. 그래서 감정을 단절시키고 무표정해집니다.

앞서 언급했습니다만, 치료 초기 단계에서 그 사람에게 책임을 추궁하면 할수록 재범의 위험성이 높아진다는 것이 가해자 임상의 정설입니다. 실제로 이 참가자는 피해 사실을 외면하고 싶을 때에 재범 위험성이 높아진다고 밝힙니다(재범 충동을 정직하게 밝혀도 여기서는 비난받지 않습니다). 편지에도 나오듯 "'나 때문에 피해자가 생겼다'라는 사실을 계속 짊어지고서 살아가는" 것도 책임지는 형태 중 하나라고 생각합니다. 하지만 그것을 처음부터 의식하고 각오하는 참가자는 거의 없습니다. 입으로는 그렇게 말해도 실제로 피해자의 이야기를 들으면 달갈귀신이 되거나 숨어버립니다.

대화 프로그램에서 그들이 처음으로 알게 되는 사실은 자신이 '제대로 직면하지 못한다'는 점입니다. 어떻게 하면 책임에 대해 고민하게 될까요. 아직은 출발선에 지나지 않습니다. 갈 길이 아주 멉니다.

성 가해를 자기 언어로 말하는 어려움

2장

⁂

당신의 '나약한 소리'가 동료들에게는 힘이 된다

여기까지 몇 번이나 '직면하다'라고 썼습니다. 구체적으로는 '말하다'와 '쓰다'를 통해 이를 행하는 것이 대화 프로그램입니다.

여러분도 어떤 과제를 끌어안고 있을 때, 혼자 답답해하며 고민하는 것만으로는 그것과 대면하기는커녕 자신 안에서 정리도 안 되고 앞으로 나아가기도 어렵다고 느낀 적이 있지 않나요. 똑같은 자리를 빙빙 맴돌거나, 불안과 걱정만 더 커지거나, 스스로 형편없는 인간이라고 자책하기만 하죠. 출구가 보이지 않는 와중에도 과제와 계속 마주하는 일은 무척 어렵고 고독한 작업입니다.

'말하기'와 '쓰기'는 모두 언어화와 외재화라고 불리는 작업입니다. 다양한 접근법이 있지만, 대화 프로그램에서는 니노미야씨와 제가 고안한 질문에 답하기 위해, 또는 니노미야씨에게 자기 생각을 전하기 위해, 자기 내면을 탐구하고 이를 언어로 만드는 작업을 반복합니다. '전하기' 위해 말하고 쓰는 것입니다.

알코올을 비롯해 다양한 의존증 치료에서는, 똑같은 문제가 있는 동료들과 만나 자신에 대해 정직하게 이야기하는 모임에 참석하는 것이 무엇보다 중요합니다. 저는 사회복지사로 일하기 시작했던 극초반, 자조모임에 빈번하게 드나들며 자신의 나약한 부분에 대해 정직하게 말한다는 게 쉽지 않다는 사실을 깊이 깨달았습니다. 특히 모임에 이제 막 참가하기 시작한 사람의 입은 무척 무겁습니다. 자신의 이름을 말하는 것 외에는 모두 '패스'해서 한 번도 입을 열지 않고 돌아가는 사람도 있습니다. 저도 처음에는 제대로 이야기하지 못했습니다.

모임에서 이야기하는 주제는 '자신'입니다. '그뿐이

야?'라고 생각할지 모르겠지만, 한번 해보면 그야말로 커다란 과제임을 바로 알 수 있을 겁니다. 저는 자조 모임에 막 다니기 시작했을 때, 남들에게는 자기 자랑이나 무용담처럼 들리는 이야기만 했습니다. 사실 이래서는 '자기 이야기를 한다'라고 할 수 없죠. 그걸 깨닫지 못했던 제게, "저는 사이토씨의 약한 이야기가 듣고 싶어요"라고 말해준 참가자가 있었습니다. 알코올 의존증에 빠져 한때 심각한 상태에 있었음에도, 그 뒤 꾸준히 자조 모임에 나오면서 '마시지 않는 하루하루'를 쌓아가던 남성이었습니다.

"성공 체험은 여기서 필요 없어요. 당신의 나약한 이야기가 동료들에게는 힘으로 바뀌죠."

이 말에 망치로 머리를 얻어맞은 듯한 충격을 느꼈습니다. 그의 눈에 비친 저는 언제나 '나는 여기 있는 사람들과는 다르다'는 듯 곤혹스러운 표정으로 무용담을 이야기하고 있었던 겁니다. 저 역시, 아무리 이야기한들 누구에게도 가닿지 않았다는 걸 언젠가부터 알고 있었습니다. 다른 참가자들은 자신의 약한 부분을 이야기합니다. 그곳에 있는 사람들은 그렇게 약한 이야기가 따뜻하게 받아들여지는 시간과 공간을 공유

합니다. 나만 여기에 속해 있지 않구나…… 하고 깨달았죠. 이렇게 처음에는 입을 떼지 못했던 사람도 저처럼 누군가에게 재촉을 받거나, 스스로 그 벽을 넘어선 다음에는 차츰 말을 꺼낼 수 있게 됩니다.

지금도 저는 기회가 있으면 자조 모임에 참가합니다. 오랫동안 의존하던 것을 끊고서 견디는 사람들, 조금씩 이야기를 시작하는 사람들을 보고 있으면, 그들의 '이야기하지 못하는' 모습의 배경에는 '남성'이라는 속성이 있다는 생각이 듭니다.

알코올 의존증의 성별 비율은 압도적으로 남성에 치우쳐 있습니다. 저는 『남존여비 의존증 사회男尊女卑依存症社会』라는 저서에서 남성들이 사회에서 항상 경쟁에 이기기를 요구받는 현상, 그리고 그것이 사회와 남성 자신에게 초래하는 폐해를 밝혔습니다. 어떤 성별로 살아가더라도 약한 부분은 당연히 있기 마련인데, 남성은 이를 겉으로 드러내서는 안 된다고 여겨집니다. 그러다 보니 자신의 약한 부분을 외면하고 고통에 둔감한 채로 살아가는 게 훨씬 더 편하다고 생각하게 되어도 이상하지 않습니다.

자신의 나약함과 고통을 '없는 것'으로 치는 남성

의 특성은 성폭력 가해를 반복해온 사람들에게 특히 짙게 나타납니다. 그들은 심한 스트레스를 받았을 때, 자존감이 크게 손상을 입었을 때, 막다른 곳에 몰리다 자포자기 상태가 되었을 때…… 즉 자신의 약한 부분이 머리를 쳐들려 할 때, 자신보다 약한 사람에게 가해를 저지릅니다. 그로써 자신의 우위성을 확인하고 자존감을 회복합니다. 상대방을 짓밟음으로써 자신감을 되찾으려 하는 가해자성은 누구에게나 있습니다. 그러나 그것을 겉으로 드러내느냐, 그렇지 않으냐는 그 사람의 선택입니다.

즉 피해자는 개별 남성의 희생자임과 동시에, 남성이 나약함을 내보이지 못하는 사회의 희생자입니다. '자신은 나약한 인간이다'라는 사실을 부정하지 않고 받아들일 수 있었다면, 또한 이를 말로 표현할 풍성한 언어가 있었다면, 그들이 성을 이용한 폭력을 선택하지 않고 끝났을지도 모릅니다. 이 점에 대해서는 뒤에서 더 이야기하겠습니다.

말하지 않고 숨죽이는 가해자

성폭력 가해자는 말하지 못합니다. 특히 나약함이나 고통을 말하지 못합니다. 자기 내면의 감정을 언어로 표현하는 것을 지금까지 얼마나 외면해왔을까요. 그걸 말하지 않아야 문제 행동을 지속할 수 있었을 테니까요. 가해행위는 이야기하지 못할 때 더 심각해집니다. 위험성이 더 높아지고 가속화됩니다. 지금도 일반적으로 성폭력 가해자라고 하면 '성욕을 주체하지 못하는 남성' '딱 봐도 이상한 사람'이라는 이미지를 떠올리는 사람이 적지 않습니다. 그래서 아이에게도 '이상한 사람 가까이에 가지 마'라고 가르칩니다. 그런데 실상 성폭력 가해자는 대부분 평범합니다. 제가 받은 인상으로 마초 같은 남자는 별로 없고, 연약해 보이는 사람이 많았습니다. 길에서 스쳐 지나가도 딱히 인상에 남지 않을, 어디에나 있을 법한 외모였죠. 클리닉 프로그램에 참여해온 3000명이 넘는 사람들도 대부분 그러했습니다.

공공장소에서의 성추행이나 불법 촬영과 같이 상습적인 성폭력은 기본적으로 얼굴도 모르는 사람을 표적으로 삼습니다. 만원 전철, 사람이 많은 역 구내, 쇼핑센터 등의 장소에서는 익명성이 높아집니다. 누구나 '그 밖에 여러 사람' 중 한 명이 될 수 있습니다. 그런 공간에서 자신의 존재를 지우고 상대방에게 접근해서 가해행위를 한다…… 마치 투명 인간 같지 않나요.

투명 인간은 피해자의 고발로 처음 그 존재가 밝혀집니다. 어떤 인물인지, 어떤 가해행위를 했는지가 백일하에 드러나죠. 가해자가 무엇보다 두려워하는 일입니다. 투명 인간으로 있지 못하게 되면 가해행위를 그만두어야만 합니다.

성폭력에 관한 통계는 '암수暗數'가 대단히 많다고 알려져 있습니다. 실제 건수와 통계상 건수 사이의 차이를 말합니다. 이 차이가 크다는 건 피해 입은 사람들이 다양한 이유로 신고하지 않기(못하기), 또는 고발하지 않기(못하기) 때문입니다. 개인의 선택이기 이전에 신고하기 어려운 사회 구조가 있다는 말입니다. 뒤집어보면 가해자에게는 참으로 편리한 구조이니, 그들은 이를 교묘하게 이용하면서 언제까지라도 투명 인간으로 지낼 수 있겠죠.

최근에야 겨우 피해자들이 목소리를 내기 시작했습니다. 경찰에 신고하고 법에 호소할 뿐만 아니라, SNS 등 인터넷을 이용한 고발도 드물지 않습니다. '우리는 여기에 있다'라며 목소리를 높이고, 자신들의 존재를 드러내려고 움직입니다. 결과적으로 가해자의 존재도 가시화되었습니다. 가해자가 스스로 '여기에 있다'라고 존재를 드러내는 일은 아마 없을 겁니다. 줄곧 투명 인간인 채로 있고 싶다, 앞으로도 가해행위를 계속하고 싶다는 게 그들의 속마음이니까요.

투명 인간으로 살아온 시간이 긴 가해자는 어떻게 될까요. 클리닉에 와서 대화 프로그램에 참가하고 자신에게 설명할 책임이 있음을 머리로 이해하는 참가자라 해도, 곧바로 입을 열거나 문장으로 엮어내지는 못합니다. 투명 인간 상태에서 아직 빠져나오지 못했으므로 자신과 자신이 해온 가해행위를 표현할 언어가 없습니다. 바꿔 말하자면, 스스로에게도 자신이 보이지 않는 것입니다.

니노미야씨도 그들이 말하지 못한다는 것을 알고, 생각한 바가 있었던 듯합니다. 자신의 일기에 썼던 내용을 나중에 편지로 전했습니다.

"피해자는.

피해 체험 직후에는, 표현할 언어가 없다. 그때까지 습득해온 말들로는 도무지 이야기할 수 없는 체험이기에 언어화할 수 없는 시기가 있다. 그런 시기를 지나 겨우 언어화하게 되기까지, 불빛 하나 없이 캄캄한 암흑 속 길고 긴 터널을 오로지 혼자서 걸어가는 느낌을 맛보아야 한다. 괴롭고 또 괴로운, 무엇보다 지치는 시기다. 그리고 '두번 다시 이전으로 돌아가지 못한다'는 사실을 받아들여야 한다는 점에서 또한 괴로운 시기다. 이중, 삼중으로 괴로움은 계속된다. 그렇기에 피해자는 자신의 이야기를 손에 넣을 필요가 있다. 자신의 이야기를 하기 위해, 자신의 언어를 새롭게 구축할 필요가.

이는 분명히 가해자에게도 해당된다고, 새삼스레 최근에 생각했다. 자신의 인지 왜곡을 왜곡이라고 말할 줄 아는 것. 이러한 왜곡 때문에 저지른 가해행위를 자기 언어로 마주하는 것. 대단히 중요하다. 그리고 가능하다면, 이후에도 계속 나올 가해자 집단에 전달해나가는 것. 두번 다시 반복하지 않겠다는 지점에서부터 언어를 엮어가는 것. 두번 다시 슬프고 괴로워하는 피해자를 낳지 않겠다는 지점에서부터 언어를 엮어가는 것.
피해자든 가해자든, 자신의 이야기를 손에 넣을 필요가, 있다."

2022년 3월 니노미야씨가 쓴 편지

성폭력 피해로 '산산조각'이 난 사람들에게도 말하지 못하는 시기가 있습니다. 그럼에도 놓쳐버린 언어를 가까스로 긁어모아 재구축해나갑니다. 니노미야씨도 그런 시간을 보냈음이 행간에서 전해집니다. 언어를 사용하는 존재는 인간뿐입니다. 여기서 재구축이란 한번 물건처럼 취급되어 산산이 파괴된 자신을 되돌린다는 의미도 있을지 모릅니다. 말하지 못하는 상태는 마찬가지여도, 그 함의는 가해자와 피해자에게 완전히 다릅니다. 니노미야씨는 "가해자가 자신의 인지 왜곡을 왜곡이라고 말할 줄 아는 것"이 중요하다고 했는데, 이는 그들이 왜 가해행위를 계속해왔는가, 왜 성을 매개로 한 폭력이어야만 했는가, 하는 문제의 본질에 가까운 지적입니다.

여기서 말하는 인지 왜곡이란, 문제 행동(대부분은

가해행위)을 계속하기 위해 본인에게 편리하게 왜곡시킨 견해와 사고방식입니다. 성폭력 가해자에게 공통으로 나타나는 왜곡된 사고방식은 '짧은 치마를 입은 건 남자를 유혹하는 짓이다' '상대방도 분명히 즐겼다' '자신이 한 짓은 다른 가해자들과 비교하면 별거 아니다' 등이 있습니다. 현실을 파악하는 방식이 비뚤어져 있으니 가해행위를 계속해온 거죠. 스스로 비뚤어져 있다는 자각은 없습니다. 그렇다면 이러한 인지 왜곡을, 왜곡으로서 제대로 말해야 하지 않느냐고 니노미야씨가 문제를 제기한 것입니다. 인지 왜곡에 대해서는 뒤에서 더 파고들어보겠습니다.

자신을 속일 수 없는 '글쓰기'

투명 인간이었던 사람들이 말하기를 시작하고 글을 씀으로써 자신의 윤곽을 선명하게 만들어가는 일은 하루아침에 되지 않습니다. 실패를 거듭하며 조금씩 언어를 습득해나가기 때문에 시간이 걸립니다. 그리고 대화 프로그램 참가자 대부분에게는 처음 해보는 경험입니다. 이제 막 이야기하고 쓰기 시작한 참가자들이 쉽게 빠지는 골짜기는 틀에 박힌 답변입니다. 그들이 니노미야씨에게 쓴 편지를 읽어보면, 어느 것이나 비슷한 내용밖에 없습니다. 열심히 쓰기는 합니다. 하지만 내용은 마치 어딘가에 있는 답변의 견본을 조금 수정하고 추가하며 베껴 썼나 싶습니다.

'피해자에게 미안하게 생각합니다' '저는 돌이킬 수 없는 짓을 했습니다'라는 문장이 셀 수 없을 정도로 많습니다. 반성의 의사나 사죄의 변을 썼으니 언뜻 바람직한 태도처럼 보이기도 합니다. 다만 그것이 진정한 '사죄'일까요. '자신이 한 짓을 인정하고 재범 방지에 진지하게 몰두하는 가해자가 할 법한 말'을 쓰고 있을 뿐입니다. 또는 그렇게 평가받으리라 기대하며 쓰는 게 아닐까 하는 생각도 듭니다.

이런 문장은 말 속에 자기 자신을 담고 있지 않습니다. 대화 프로그램은 얼마만큼 자기 삶의 방식을 돌아보고 가해행위의 책임과 마주하여 언어화할 수 있는가와 씨름하는 장입니다.

대화 프로그램에서는 당연히 견본도 모범 답안도 요구하지 않습니다. 이쪽에서 던지는 질문에 정답은 없습니다. 서툴러도 아무런 상관이 없습니다. 문장이 제대로 완성되지 않았거나 필체가 너무 어지러워서 해독하기 어렵다 해도, 그 사람이 진지하게 써냈다면 말하려는 바를 어떻게든 파악할 수 있습니다.

뒤집어보자면, 그 사람이 지금 무책임하게 말을 던지고 있거나 뭔가가 방해해서 정직하게 쓰지 못했을 때는 신기할 정도로 문장에 나타난다는 뜻입니다. 견본이 머릿속에 떠오른다는 건, 그렇게 해서 그 자리를 일시적으로 벗어날 수 있었거나, 본질에서 눈을 돌림으로써 사람들에게 용서받은 경험이 있기 때문이겠죠. 경찰 조사나 재판에서는 틀에 박힌 말을 늘어놓음으로써 상황을 모면할 수도 있습니다. 그곳은 자신을 말하는 장소가 아니라, 경찰과 사법 관계자가 요구하는 말을 제시하는 장입니다. 그들은 클리닉에 오기 전까지는 대부분 '이 정도면 되겠지' 하며 견본 같은 말들을 자신도 모르는 사이에 학습해왔을 겁니다.

왜 모범 답안 같은 문장을 쓰는 걸까요. 다음에 소개할 참가자의 글이 우리에게 힌트를 줍니다.

"최근에는 이 프로그램이 고통스럽지 않게 느껴지기

시작했습니다. '익숙함'이나 '매너리즘'에서가 아니라, 니노미야씨가 전달하고 싶은 말이 제게도 전해지기 때문입니다. 이전에는 나쁜 짓을 한 제가 비난당하는 기분이 들거나, 혹은 무슨 말을 전하고 싶은 건지 이해는 안 되는데 마음만 괴롭고 쓰라렸습니다. 하지만 '왜 비난당하는 듯이 느꼈는지' '왜 괴롭고 쓰라렸는지'를 언제나, 언제나 고민했고, 니노미야씨의 그리고 그 건너편에 있는 제 피해자의 마음을 상상해보려는 노력을 계속했습니다. 언제나 괴로웠지만, 프로그램 안에서만큼은 어떻게든 열심히 고민하고 싸워왔습니다. 조금씩 그 성과가 나타나는 느낌이 듭니다. 지금 저는 문제 행동을 늘 의식하면서, 그에서 멀어져 사로잡히지 않은 상태임을 느낍니다. 인생에서 가장 차분한 상태입니다. 이 상태를 계속 유지할 수 있도록, 고민하는 만큼 행동하고 사고해나갈 겁니다."

2022년 9월 니노미야씨에게 온 편지

이 글에서는 저도 깜짝 놀란 부분이 몇 군데 있습니다. 글쓴이는 변화에서 오는 고통을 느끼면서도 프로그램에 진지하게 몰두하는 참가자입니다. 그는 처음에 '니노미야씨가 무슨 말을 전하고 싶은 건지 이해가 안 된다'라며 벽에 부딪혔습니다. 그럼에도 '나쁜 짓을 한 자신이 비난당한다'라고 스스로 느끼고 있음을 알아차립니다.

이들은 가해자로서 책임과 대면하기 위해 프로그램에 참석하지만, 그렇다고 해서 프로그램 도중에 과거의 가해행위 하나하나를 추궁당하지는 않습니다. 그럼에도 '비난당하지 않을까' 두려워하며 겉핥기식 견본 문장을 씁니다. 달걀귀신 현상과 똑같은 방어기제입니다. 그걸 넘어서기 위해 이 사람은 '니노미야씨의, 그리고 그 건너편에 있는 자기 피해자의 마음을 열심히 상상해보려는 노력'을 했습니다. 자신과 대면하기를 포기하지 않았죠.

누군가를 염두에 두고 쓰는 문장이라 해도 쓰는 동안에는 자기 자신과 일대일로 대면합니다. 앞서도 말했지만, 편지를 쓸 때 그들의 집중력은 상당합니다. 계속 쓰다 보면 누구나 자신을 속이기가 어려워질 때가 옵니다. 쓰는 행위를 통해 꾸밈없는 자신이 보이죠. 그러면 '자신이 한 짓을 인정하고 재범 방지에 진지하게 몰두하는 가해자가 할 법한 말'을 견본으로 삼아 쓰는 것으로는 충분하지 않게 됩니다. 저는 이 프로그램을 시작한 이래로, 쓴다는 행위는 생각보다 더 자신을 속이지 못한다는 사실을 깨달았습니다. 저와 똑같은 깨달음을 얻은 참가자도 있으리라고 봅니다.

의존증이라는 병은 자신에 대해 이야기할 때 가능하면 자신을 더 크게 보여주려 하는 면이 있습니다. 아니, 이는 의존증에 국한된 게 아닙니다. 특히 남성은 자신이 다른 사람보다 우위에 있음을 보이려는 경향이 강합니다. 그러지 않으면 남자답지 않다고 생각될 테고, 잘만 해내면 우월감을 얻을 수 있죠. 예전에 제가 알코올 의존증 모임에서 '나약한 이야기'를 하지 못했던 이유도 그런 배경이 있었기 때문입니다.

쓰는 행위를 통해 자신과 대면하는 것은, 크게 꾸며서 보여주려 하던 자신과 실제 자신 사이의 차이를 메우는 작업이라고 할 수 있습니다. 그렇게 계속 노력해 온 참가자가 자신의 상태를 '문제 행동을 늘 의식하면서, 그에서 멀어져 사로잡히지 않은 상태'라고 평가하는 것은 시사하는 바가 대단히 큽니다.

물론 여기서 다시 후퇴하는 사람도 있을지 모르죠. 아무쪼록 쓰기·언어화하기·상상하기·말하기를 손에서 놓지 않기를 바랄 뿐입니다.

가해자도 가해자를 모른다

저는 늘 '가해자란 어떤 인간인가'가 세상에 정확히 알려지지 않았다고 느낍니다. 성욕을 주체하지 못한다, 인기가 없다, 변태, 괴물……과 같은 이미지만 퍼져 있는데, 앞서 기술했듯이 제가 클리닉에서 만난 현실 속 가해자들의 모습과는 큰 간극이 있습니다. 실제 가해자상이 감춰져 있다는 건, 가해자에게 문제 행동을 일으키기 쉬운 환경이 간접적으로 마련되어 있다는 뜻과도 같습니다. 이 역시 가해자가 계속 투명 인간 행세를 할 수 있는 한 이유겠죠.

하지만 대화 프로그램을 시작한 이래로 저는 이렇게 생각하게 되었습니다. 가해자 또한 '가해자란 어떤 인간인지'를 정확히 모른다. 자신에 대해 알지 못한다. 그러니 그들에게는 표현할 언어가 없는 게 아닐까.

앞에서 그들이 짊어져야 할 책임 중에 '설명의 책임'이 있다고 했습니다. 왜 가해를 저질렀는지, 그로써 무엇을 얻었는지, 자기 입으로, 자기 언어로 설명할 수 있어야 한다는 뜻입니다. 피해자는 수많은 '왜'를 껴안고 있습니다. 가해자들은 그에 대답할 책임이 있죠. 하지만 그러지 못합니다. 이렇게까지 못한다는 건 자신이라는 인간을 전혀 이해하지 못하기 때문이 아닐까요.

그들과 니노미야씨가 주고받는 대화를 눈앞에서 지켜보다가, 어쩌면 피해자가 가해자를 더 잘 알지도 모르겠다는 생각을 한 적이 있습니다. 그 가해자성과 직접 접촉했던 사람은 피해자 외에는 없으니까요. 물론 자신이 원해서 알았을 리는 없습니다.

니노미야씨가 자신의 피해 체험을 말할 때, 가해자의 인물상을 예리하게 파악했다는 느낌을 받은 적이 있습니다. 이는 니노미야씨가 피해 이후에 가해자를 떠올리고 싶지 않은데도 떠올리고, 몇 번이고 기억 속에서 대치하고, 또한 왜 그가 자신에게 가해를 저질렀는지 되물으며, 답에 다다르지 못한 채 줄곧 고민한 결과라고 봅니다. 가해행위에 대한 해상도가 가해자와는 완전히 다릅니다.

대화 프로그램의 목적에는 '가해자가 피해자를 안

다'가 있고, 그에 대해서는 1장에서 설명했습니다. 이와 맞물려 양 날개를 이루는 것이 '가해자를 안다'입니다. 성폭력을 저질러온 가해자가 자신을 아는 것은 물론, 니노미야씨가 그들을 안다는 의미도 포함합니다.

가해자란 어떤 인격을 지니고 있는지, 어떤 삶의 방식을 지속해왔고, 무슨 생각으로 성을 매개로 한 폭력을 선택했는지를 알고 싶은 것입니다. 뒤집어보면 성폭력 자체를 이해하려는 노력이기도 합니다.

대화 프로그램에서는 매회 참가자에게 구체적인 질문을 던지고, 니노미야씨에게 보내는 편지 형식으로 그에 대한 답변을 받습니다. 질문은 니노미야씨와 제가 한 달에 한 번 함께 의논해서 결정합니다. 직전 달에 그들이 쓴 편지를 읽은 뒤, 주로 니노미야씨가 '이걸 좀더 물어보고 싶어요' '이 주제는 더 파고들어 보게 하면 좋겠어요'라고 생각하는 점을 질문으로 합니다.

그간의 과정을 되돌아보면, 대부분은 그들이 자신이라는 인간을 알고, 자신의 가해자성을 알도록 하기 위한 질문이었습니다. 가해자인 자신은 세상의 일들을 어떻게 바라보는가. 그들 자신이 지금까지 보려고 하지 않았던 인간성의 깊숙한 곳까지 들어가기 위해 각도와 표현을 바꾸어가면서 몇 번이나 질문합니다.

성 가해에 경중이 있는가

여기까지 몇 가지 중요한 주제를 다루었습니다만, 이어서는 '상대화'에 대해 이야기해보겠습니다. 상대화란 자신의 가해행위를 다른 사람의 그것과 비교하거나 우열을 가리려는 행위를 뜻합니다.

대화 프로그램 참가자 중에는 자신이 해온 짓을 다른 사람과 비교하는 이가 많습니다. 누구에게 배웠을 리도 없는데, 그리고 의식적으로 하는 행동이 아닌데도 왠지 당연하다는 듯 비교합니다. 그럼으로써 그들은 '다른 성폭력 가해자에 비하면 내가 낫다'라고 확신합니다. 예컨대 클리닉에 다니기 시작했을 때를 되돌아보며, 당시 주변에 앉아 있는 참가자들을 보면서 '이런 놈들과 함께 있다니, 나는 여기에 있을 정도로 형편없지는 않은데'라고 생각했다고 말한 사람이 있습니다. 분명히 그 외에도 똑같이 생각했던 참가자가 있었을 겁니다.

자신이 한 가해행위는 그래도 경미하다며 과소평가하고, 다른 성범죄자에 비하면 나는 그리 형편없는 인간이 아니라고 생각하면서 일종의 안도감을 얻습니다. 그런 마음이 지속되다 보면 어떤 사고에 빠질까요. 여기서부터는 여러분도 함께 생각해주시기를 바라며, 우선 다음 두 글을 읽어주십시오.

"불법 촬영이라는 걸 명백히 알지만, 이것도 성범죄냐고 묻는다면 강간이나 성추행과는 다르다고 말하고 싶어집니다. 비접촉형 성범죄라는 분야가 있고, 엿보기나 불법 촬영은 거기로 분류된다고 하면 쉽게 이해가 가지 않나요. 어쨌든 범죄라는 걸 알고도 반복하게 되는 성범죄죠. 관음증을 극복해야 하니까 클리닉에 계속 다닙니다."

"솔직히 지금도 '강간이나 살인에 비하면 낫다'라고 생각할 때가 있습니다. 만약 자신이 당했다고 하면 불법 촬영 쪽이 나으니까요. 하지만 제가 한 짓에 대해서는 '○○보다'라든가, 뭔가와 비교해서 어떻다고는 생각하지 않습니다. 상상력이 모자라서일까요. '뭔가'

나 '누군가'라는 잣대를 사용하지 않고, 상대방(또는 자신)이 어떻게 느꼈는지만 순수하게 생각할 수 있었으면 합니다."

2019년 3월 니노미야씨에게 온 편지

다 읽고 어떤 느낌을 받으셨나요. 강간이란 현재 일본의 형법(2023년 7월 개정 기준)으로 보자면 '부동의성교등죄'에 해당하며, 상대방의 동의 없이 성기 또는 항문, 입에 자신의 성기 또는 신체의 일부나 이물질을 삽입하는 가해행위를 가리킵니다. 성추행은 '부동의외설죄'에 해당하며, 상대방의 동의 없이 그 신체를 만지는, 예컨대 하의 속에 손을 넣어 성기를 만지는 가해행위 등을 말합니다. 전형적인 '접촉형' 성폭력입니다.

한편 불법 촬영은 '비접촉형'이라고들 하는 성폭력으로, 대상에게 물리적인 접촉은 하지 않습니다. 비슷한 종류로 속옷 절도나 신체 노출이 있습니다. 덧붙이자면 현재 일본의 형법에서 속옷 절도는 절도죄에 해당하기 때문에 성범죄로 보지 않습니다. 신체에 대한 침범, 즉 성기나 항문, 입에 가하는 삽입 행위가 피해자에게 커다란 손상을 입힌다는 것은 누구나 상상할 수 있습니다. 원치 않는 임신에 대한 공포도 있습니다. 성추행에 대해서도 예전이라면 '좀 만졌을 뿐인데, 뭐' '닳는 것도 아니잖아'라고 했지만, 지금은 그런 말이 거의 사라졌습니다. 그렇게 말했다가는 곧바로 비판이 쏟아지겠죠. 이제부터는 '동의 없는 성적 접촉은 성폭력'이라는 인식이 사회에 널리 자리 잡아야 합니다.

그렇다면 이와 비교해 비접촉형은 손상이 적은 걸까요. 확실히 신체에 대한 접촉이 없다는 점 때문에 불법 촬영 등을 당하고도 피해를 알아차리지 못하는 경우가 많습니다. 속옷 절도도 사람에 따라서는 '잃어버렸나' '바람에 날아갔을지도 몰라' 하며 피해를 확인하기 어려울지 모릅니다. 알아차리지 못하면 피해 입지 않은 것과 마찬가지니까, 같은 성폭력이라 해도 강간이나 성추행에 비하면 피해는 가볍다는 논리. 이것이 상대화입니다. 강간은 무겁고 불법 촬영은 가볍다고 여겨 '자신이 해온 문제 행동은 불법 촬영에 불과하니, 강간죄를 범한 사람들과 똑같이 취급받고 싶지 않다'는 논리죠.

이것이 프로그램 참가자들만이 아니라, 사회적으로도 어느 정도 공통된 인식이라는 점은 법률에서 드러납니다. 일본의 강간죄 법정형은 가장 짧은 경우에 징역 3년이었는데, 2017년 법 개정으로 강제성교등죄가 되면서 징역 5년으로 늘어났습니다. 충분하다고는 생각하지 않지만, 그럼에도 신체를 성적으로 침범하는 폭력을 심각하게 보는 전환점이 되기는 했습니다.

불법 촬영에 대해서는 2023년 형법 개정으로 이른바 '촬영죄'가 신설되기 전까지는 성범죄로 보지도 않았습니다. 각 지자체에서 민폐방지조례로 단속하고 있었고, 처벌도 너무나 가벼웠죠. 많은 사람이 카메라가 장착된 스마트폰을 들고 다니는 시대, 불법 촬영은 확실히 늘어났습니다. 클리닉에도 특히 젊은 남성이나 그 가족에게서 불법 촬영 관련 상담이 잇따르고 있습니다. 불법 촬영이 처벌 대상으로 형법에 규정된 것은 커다란 진전입니다.

강간은 무겁고 불법 촬영은 가볍다. 동의 없는 성추행과 비교하면 노출 행위는 가볍다. 이런 논리가 성 가해를 한 사람들 사이에서 간단히 성립하는 이유는, 사회에 그 전제가 되는 가치관이 이미 존재하기 때문입니다. 즉 일본 사회에는 성 피해자가 아니라 성 가해자 측의 가치관에 동조하는 사람이 많다는 뜻입니다. 심각한 문제입니다.

기껏해야 불법 촬영일 뿐?

상대화에 메스를 대어 배경에 있는 가치관을 흔들기 위해서는 역시 피해자의 목소리가 필요하겠죠. 대화 프로그램 참가자들은 '강간보다는 불법 촬영이 낫다'라는 말이 가해자 측 시각에 지나지 않음을 니노미야씨의 체험담을 통해 알아나갔습니다. 니노미야씨는 편지에 이런 글을 썼습니다.

"메시지, 감사합니다.
프로그램에 다니기 시작한 즈음에는 주변 사람들보다 내가 훨씬 낫다며 분노했었다고요. 하지만 최근에 와서야 드디어 제멋대로 단정한 것이었음을 깨달았다고 쓰셨지요. 저도 한동안이었지만, 이 프로그램에서 그 부분이 무척 마음에 걸렸습니다. 자신이 낫다고 생각하는 사람들이 이렇게나 많다는 걸 알고 아연했죠. 무엇보다 혹은 누구보다 자신이 낫다는 말은 그 사람의 단순한 믿음, 혹은 회피에 지나지 않는다고 생각합니다.
기껏해야 불법 촬영, 기껏해야 성추행, 기껏해야 강간이라는 건, 피해자에게는 말도 안 되는 소리입니다. 모두 다 똑같이 '피해'입니다. 자신의 사적인 영역을 침범당한 일이에요. 그 점을 어떻게든 마음에 확실히 담아주세요."

2019년 4월 니노미야씨가 쓴 편지

니노미야씨는 불법 촬영 피해 경험도 있습니다. 불법 촬영 피해는 본인도 감지하지 못하는 경우가 많다고 앞서 기술했습니다만, 니노미야씨는 서점에서 자기 다리 아래쪽에서 반짝이는 렌즈를 발견하고 치마 안을 찍고 있음을 알아차렸습니다. 이 이야기를 듣고 '뭐야, 별일도 아니잖아' 하고 생각한 참가자도 있을지 모르겠습니다.

하지만 한 번의 피해가 니노미야씨의 생활을 크게 바꾸어놓았습니다. 이전까지 서점을 돌아다니며 책 고르는 걸 무척 좋아했지만, 그 후로 한참 서점에는 발도 들이지 못했습니다. 자연스럽게 치마도 입지 못하게 되었습니다. 피해 당시 렌즈에 반사되던 빛이 머리에서 떠나지 않았습니다. 경찰에 신고했을 때, 가해자가 '초범이니까' '부인과 아이도 있는 사람이니까'라는 이유로 니노미야씨의 신고를 제대로 받아주지 않았습니다. 이 일로 사회와 인간에 대한 신뢰를 크게 잃었습니다. 여기까지 듣고서야 겨우 '기껏해야 불법 촬영'이라는 생각을 거두게 된 참가자가 적지 않을 겁니다. 가해자에게는 '기껏해야 불법 촬영' '딱 한 번의 가해행위'이지만, 피해자에게 얼마나 많은 것을 빼앗았는지 이 한 부분만으로도 알 수 있습니다.

경찰청 취재를 근거로 한 보도에 따르면, 2022년 일본의 불법 촬영 검거 건수는 5700건이었습니다. 과거와 비교해 최다 건수이지만, 불법 촬영은 모든 성범죄 중에서도 암수가 특히 많다고 추측됩니다.

클리닉에 통원했던 불법 촬영 가해자 521명을 조사한 결과, 가해자 한 명에 피해자가 1000명이 넘는 사례도 있었습니다. 처음 불법 촬영을 시작한 이후 클리닉에 오기까지 걸린 평균 기간은 7.2년입니다. 그사이에 피해자는 계속 늘어나기만 할 뿐, 줄어들지는 않습니다. 부지불식간에 피해를 당하는 사람의 수는 대체 얼마나 될까요.

불법 촬영을 당한 사람은 생활 자체에서 위협을 느낍니다. 니노미야씨처럼 늘 가던 장소에 가지도 못하죠. 어디에 카메라가 있을지 모른다고 생각되면, 안전하다고 여겼던 장소가 사라집니다. 그 결과, 집에서 나가지 못하는 피해자도 있습니다. 가해자 중에는 찍은 사진을 다시 보지 않는다는 사람도 적지 않습니다만, 그럼에도 어떤 형태로든 촬영물이 세상에 돌아다닐 위험성은 있고, 처음부터 인터넷에 퍼뜨리거나 판매할 목적으로 찍는 가해자도 있습니다. 그렇게 되면 얼마나 많은 사람이 볼지 알 수 없을 뿐만 아니라, 인터넷에서 완전히 삭제하기란 거의 불가능합니다.

경찰도 사법기관도 대책을 뒷전으로 미루기만 하고, 피해자만 불안에 떨게 되는 것이 불법 촬영입니다. 그 억울함과 공포를 상상하면 '불법 촬영이 낫다'라는 말이 얼마나 피해자를 생각하지 않는 발언인지 잘 알 수 있습니다.

피해에 우열을 매기는 데 의미는 없다

또 다른 언젠가, 니노미야씨는 성추행 피해를 겪은 이야기도 편지에 썼습니다. 통학하던 버스에서 누군가가 몸을 만지고 정액을 묻혔던 사건입니다. 중학생이었던 니노미야씨는 버스에서 내린 뒤에야 이를 알아차렸습니다. 일단 등교해서 보건실에 가, 빌린 운동복을 입고 그날을 보냈습니다.

여성들은 어린 시절부터 이렇게 반복적인 성폭력 피해를 겪습니다. 자신이 겪은 여러 피해에 대해 경중을 가리지 않고 이야기하는 니노미야씨를 보며, 참가자들은 '어느 것이나 동등한 피해'임을 이해할 필요가 있습니다. 어느 피해든 한 사람의 인생에 일어난 유일무이한 사건입니다. 이것을 서로 비교하는 데에는 아무런 의미도 없습니다.

그런 전제가 빠져 있기 때문에 죄명이나 양형을 기준으로 가해행위를 비교해 '자신은 강간 가해자보다 낫다'며 우열을 가리는 거겠죠. 이를 두고 자신이 한 짓과 제대로 대면한다고 할 수는 없습니다. 자신의 가해행위에 대한 책임과 마주하는 건, 그 건너편에 있는 피해자와 대면하는 일이기도 합니다. 온 힘을 다해 거기서 눈을 돌리고 '자신보다 더 형편없는' 다른 가해자들을 보려 하는 마음은 상대화로 이어집니다.

성추행도 불법 촬영도 결코 작은 피해가 아닙니다. 자신의 가해행위가 '더 낫다'라며 상대화하는 데 이용해서는 안 됩니다. 그 점을 확실히 마음에 새기도록 프로그램에서는 이런 질문을 던져보았습니다. '니노미야씨의 불법 촬영 피해와 성추행 피해에 대한 기술을 읽고, 각 성폭력이 니노미야씨로부터 중요한 무엇을 빼앗았는지 생각해보세요.'

"불법 촬영 피해에 대해: 가고 싶은 곳에 가지 못한다 → 니노미야씨는 자신의 시야도, 인생의 저변도 넓히지 못하게 되었다 → 니노미야씨의 미래 가능성을 빼앗았다."
"성추행 피해에 대해: 정액은 역겨운 것 → 남성에 대한 공포와 불신. 주변 사람들은 도와줄 마음이 내키지 않았던 건가? 하는 불신, 자기가 빈틈을 보였던 거 아닌가? 하는 생각. 피해자인 자신은 괴로운데도 가해자는 태평하게 살아간다는 생각, 그것들을 통틀어 공감,

신뢰하는 마음."

"성추행 피해에 대해: 당연하게 있어야 할 편안한 마음. 가해자는 교도소에 가는 등의 일을 겪고 나서야 당연한 일상이나 행복이 사실은 당연하지 않음을 알게 되지만, 피해자는 아무런 잘못이 없는데도 그 당연함을 빼앗긴다고 생각하면, 접촉이니 비접촉이니 하는 말은 아무런 상관이 없다는 게 충분히 이해가 갑니다. 게다가 가해자는 수형생활이 끝나면 일상으로 돌아가지만, 피해자에게는 기한이 정해져 있지 않지요."

"성추행 피해에 대해: 불법 촬영 피해와 거의 같겠지만, '편안함'이 사라진 것. 적어도 전철이나 버스는 안심할 수 있는 장소가 되지 못할 테고, 그 외에 남성이 가까이에 오면 불안해지기도 할 테고, 아무 일 없어도 당시의 상황이 갑자기 머리에 떠올라 괴로운 적도 있으리라는 상상이 갑니다."

"불법 촬영 피해에 대해: 경찰 불신, 그 때문에 편안함과 안전하다는 감각을 잃은 게 아닐까? 물론 가해자를 정당하게 재판했다고 해도 불안한 건 마찬가지겠지만, 가해자가 벌도 받지 않았으니 앞으로 또 가해자가 나타날 거라는 공포로 행동에 제약이 생기지 않을까?"
"성추행 피해에 대해: 가족, 친척, 선생님 등이 도와주기를 바랄 때, 가까이에서 함께해준 사람이 없었다(라고 추측합니다)는 점에서, 뭘 부탁하면 되나, 하며 마음의 갈 곳을 잃어버리지 않았을까요?"

2023년 3월 니노미야씨에게 온 편지

성추행도 불법 촬영도, 가해는 그 자리에서 끝납니다. 하지만 피해는 그 뒤에도 계속됩니다. 그러한 사실 앞에서는 접촉형이니 비접촉형이니 하며 성폭력을 구분하는 게 아무런 의미도 없습니다. 지금도 그 영향을 받으며 생활하고 있는 니노미야씨에게 피해 체험을 직접 들음으로써, 드디어 그들의 상상력이 움직이는 기색이 보였습니다. 시간이 지나면 다시 상대화하면서, 자신의 가해행위가 '더 낫다'라고 생각하는 사고 습관이 나오리라 생각합니다. 절대로 상대화하지 않겠다고 굳게 결심하는 지점에서 이미 무너지고 있을 겁니다. 그러니 습관적으로 그렇게 생각될 때마다 니노미야씨의 이야기와 자신이 편지에 썼던 내용을 떠올리며 '내게 아직 이런 습관이 있구나' 하고 스스로 인식하는 것. 그 상태를 지향해주기를 바랍니다.

피해자도 피해를 상대화한다

한 가지 염두에 두어야 할 점이 있습니다. 피해자에게도 피해를 상대화하는 모습이 보인다는 점입니다. 이 역시 니노미야씨가 대화 프로그램에서 이야기해주었습니다. 예컨대 이런 대화가 오간다고 합니다. "당신은 삽입까지는 가지 않았으니, 강간 피해자인 나보다 상처가 깊지 않잖아." "불법 촬영 피해는 접촉이 없는 만큼, 강간이나 성추행만큼 심각하지 않겠지." 놀라울 정도로 가해자들이 하는 상대화와 비슷합니다. 앞에서 가해자와 피해자에게는 공통된 현상이 여럿 있다고 이야기했는데, 이런 상대화도 그중 하나라 하겠습니다.

피해자가 자발적으로 그리 생각하게 되었다기보다는, 이 또한 통념의 영향이라고 봅니다. 성폭력 피해자는 사람들이 색안경을 끼고 보는 일이 많은 한편, '불쌍한' 이미지로도 이야기되곤 합니다. 그런 점에서 비참한 체험을 한 피해자일수록 더 '불쌍하다'고 여겨지곤 하지만, 그런 도식은 애초부터 이상합니다.

예를 들어, 삽입을 동반한 피해를 입었더라도 그 직후부터 든든한 지원과 주변의 지지를 받은 사람과 불법 촬영 피해를 경찰에 신고했는데도 제대로 수사가 이뤄지지 않아 자기 사진이 인터넷 어디의 누구에게로 퍼졌는지도 모르는 채 매일 불안에 떠는 사람이 있다고 할 때, 어느 쪽이 더 비참한지 비교하는 것에 무슨 의미가 있을까요.

슬프게도 사회에는 이렇게 비뚤어진 가치관을 내면화하는 사람이 적지 않습니다. 피해 정도를 비교하려는 말들이나 분위기가 있기에, 피해자끼리도 피해를 상대화하는 것입니다. 그러지 않는다면 이런 현상이 절대 일어나지 않을 거라고 말하긴 어렵더라도, 꽤 억제될 수는 있겠죠.

피해에 우열을 가려서 얻을 것은 전혀 없습니다. 당사자들 간의 단절을 부를 뿐 아니라 피해를 과소평가해서 '누가 좀 만진 거 가지고 피해 신고를 하면 화내지 않을까' '불법 촬영은 싫지만, 이 정도 일로는 누구한테도 의논 못 해'와 같이 피해자의 입을 막아버립니다. 결국 가해자에게만 이득이 되겠죠.

이처럼 대화 프로그램에서는 가해자와 피해자 양쪽의 목소리가 오가는 가운데, 당사자들만이 아니라 사회 전체가 받아안아야 할 과제를 깨닫는 일도 종종 있습니다.

‘인지 왜곡’을

이해하기

위해

3장

⁂

강간 신화는 누가 만드는가

성폭력은 이른바 '흔하디흔한' 폭력입니다. 너무나 안타깝지만, 오늘도 세상의 어느 회사에서, 학교에서, 번화가에서, 그리고 가정 내에서 일어나고 있습니다. 하지만 그것이 보이지 않았던 이유는 피해자가 목소리를 높이기 어려운 환경이 오랫동안 온존해왔기 때문입니다. 피해자가 보이지 않는다는 말은, 가해자 또한 보이지 않는다는 뜻입니다.

가해자는 투명 인간이 됨으로써 가해행위를 지속할 수 있습니다. 체포 등으로 발각되지 않는 한, 피해자도 사회도 그들이 어떤 인물인지 모릅니다.

피해를 입은 사람이 곧바로 '이건 피해다'라고 인식하기는 무척이나 어렵다고들 말합니다. 이는 전 세계에서 광범위하게 보이는 현상으로, 명백히 성폭력 피해 경험이 있는 여성들에게 '당신은 남성에게 강간당한 적이 있습니까?'라고 물으면, 대부분은 '아니오'라고 대답한다는 보고도 있습니다. 반면 피해 뒤 곧바로 '이건 성폭력이다'라고 자각하는 사람들에게는 공통점이 있습니다. '자신 안에 있는 성폭력 이미지와 맞아떨어진다' 또는 '이전에 입은 피해로 인식이 생겼다'라는 점입니다.*

전자는 이런 경우입니다. '강간이란 어두운 밤길에서 모르는 치한에게 갑자기 습격받는 것'이라는 이미지가 그 사람에게 있다면, '상사가 권력관계를 이용해서 부하에게 성행위를 강요한다'라는 형태의 성폭력은 강간의 이미지에서 벗어나므로 자신의 피해를 인식하기가 어렵습니다. 성추행에 대해서는 '조금 만지는 정도'라는 이미지가 있다면, 피해를 당하고도 '이런

* 『성폭력 피해의 실제—피해는 어떻게 일어나고 어떻게 회복되는가性暴力被害の実際—被害はどのように起き、どう回復するのか』, 곤고출판金剛出版, 2020.

일로 소란 피우는 건 이상하다'라는 생각에 머물러서 명백한 성폭력임을 깨닫지 못합니다. 피해 인식이 없으면 피해를 호소하기란 불가능합니다.

반복해서 말하지만, 이것도 사회에 이미 존재하는 가치관, 이른바 통념을 반영한다는 점에 유의해야 합니다. '성폭력이란 이런 것'이라는 이미지가 현실과는 동떨어져 있는데도 사회에서 어느 정도 공유되고 있기 때문에, 거기서 벗어난 상황은 피해 입은 본인조차 인식하기 어렵습니다. 이것이 바로 강간 신화입니다. 목소리를 내더라도 '상사에게 어떤 여지를 준 게 아니냐' '짧은 치마를 입었으니까 성추행 같은 걸 당했지'라는 식의 2차 피해를 당할 가능성은 슬프게도 낮지 않습니다. 그래서 '역시 이건 성폭력이 아니구나'라고 마음속으로 결론을 내리고 맙니다. 다른 폭력에서는 이렇지 않습니다. 일방적으로 맞거나 발에 차이거나 흉기에 찔렸다면, 대부분 '이건 폭력이고, 나는 피해자다'라고 바로 인식할 테고 경찰에 신고하는 데도 주저하지 않을 겁니다. 주변에서도 '당신한테 있었던 일은 피해가 아니다'라고 말하지 않겠죠.

성을 이용한 폭력은 이 정도로 특수합니다.

그러나 피해 인식을 갖게 된다고 해서 조금은 편해지는가 하면, 결코 그렇지 않습니다. 자신이 피해자임을 자각하는 사람들은 차츰 이런 생각에 사로잡히곤 합니다. '왜 나였을까.'

성폭력을 당한 사람이 왜 나였을까. 가해자는 왜 자신을 노렸을까. 자문자답한 끝에 다다른 곳은 다음과 같은 대답입니다. '밤길을 걸었기 때문이다' '피부가 노출되는 옷을 입었기 때문이다' '상대방을 단호하게 거부하지 못했기 때문이다' '틈을 보였기 때문이다' ……. 이유를 자신에게서 찾아내고 자책감에 얽매이게 됩니다. 피해자 안에도 강간 신화는 있고, 이는 사회 통념과 상호보완적 관계를 맺습니다. '왜'의 대답이 자신에게 있으면, 자기 행동만으로 피해를 피할 수 있었을지 모른다고 생각하겠죠.

답을 구하는 쪽은 언제나 피해자

본래 '왜'라는 질문과 대면해야 하는 사람은 가해자입니다. 피해자가 아닙니다. 성폭력이 일어난 원인은

100퍼센트 가해자에게 있지, 피해자에게 있는 게 아닙니다. 가해자가 아무것도 하지 않았다면 피해자는 생기지 않으니까요.

하지만 피해자가 가해자에게 직접 '왜'라는 질문을 던지는 건 여러 의미에서 불가능합니다. 접촉만으로도 트라우마(2차 피해)가 일어날 만큼 두려울 테고, 설령 그런 기회가 있다고 해도 가해자에게서 명확한 답이 돌아오리라는 보장이 없습니다. 대답은커녕 상처를 후벼파는 듯한 말밖에 나오지 않을 가능성도 있습니다.

니노미야씨가 대화 프로그램을 지속하면서 알고 싶었던 것도 바로 '왜'입니다. 왜 나였을까, 왜 나여야만 했을까. 사실 니노미야씨는 피해 이후 오랜 시간이 지난 뒤, 자신의 아버지를 동반해 가해자와 대면한 적이 있습니다. 가해자는 몇 번이나 머리를 숙이며 사죄하는 모습을 보였지만, 그의 말은 모두 니노미야씨의 몸을 통과해 공허한 목소리로 사라질 뿐이었습니다. 이 사람은 대체 무엇에 사죄하고 있는 걸까, 하는 의문만이 남았죠. '왜'에 대한 해답은 얻지 못한 채 끝났습니다. 하지만 클리닉의 재범 방지 프로그램에서 교육을 받은 가해자라면, 그리고 대화 프로그램에 열심히 참가해서 언어화된 말이라면, 어쩌면 그 해답에 가까이 갈 수 있을지 모른다는 옅은 기대가 있었던 것 같습니다.

어느 날의 대화 프로그램에서 한 참가자가 이 '왜'라는 질문에 대답했습니다. '조건만 충족하면 대상은 누구라도 상관없었다'였습니다. 여러분은 이러한 '조건' '누구라도 상관없었다'라는 말에 어떤 인상을 받으셨나요.

프로그램에 참가하는 대부분의 가해자는 성추행이나 불법 촬영과 같이 강박적 성행동을 반복하며 일면식도 없는 상대에게 가해하는 사람들입니다. 게다가 그 대상은 불특정 다수입니다. 몇백 명, 아니 몇천, 몇만 명에 달하기도 합니다. 니노미야씨는 상사였던 남성에게 입은 피해이므로 사정은 크게 다릅니다. 그럼에도 가해자에게 '조건을 충족하는가'가 중요하다는 점은 똑같습니다.

성폭력 가해는 돌발적으로 일어나지 않습니다. 성욕을 억누르지 못해 정신을 못 차리고 범행을 저지르는 사람도 없지는 않겠습니다만, 수치로 따지자면 대단히 적습니다. 대체로 가해자는 언제, 어디에 대상이 있는지, 자신이 행동으로 옮기기 쉬운 환경이 갖춰져 있는지, 주위에 발각될 때는 어떻게 도망가면 좋을지 …… 등을 사전에 살피고 머릿속에서 세밀하게 재현해봅니다. 체포될 것에 대비해 처벌을 상세하게 검색해두는 악질적인 사람도 있습니다. '성공'하기 위한 조건을 탐구하고, '성공 체험'을 거듭하는 동안 그 기술을 더 연마해가죠.

그들은 입을 모아 '얌전하고 어쩔 수 없이 참을 듯 보이는 대상을 선택한다'라고 합니다. 조건 중 하나입니다. 온 힘으로 대항하거나 피해 뒤 바로 대응할 것 같은 상대는 피합니다. 유니폼을 입은 여학생만 가해하는 사람도 있는데, 이는 유니폼이 지배당하는 위치, 즉 순종의 상징이기 때문이라고 저는 생각합니다.

클리닉에 다니는 사람 중에 지인 또는 가족에게 지속적으로 성폭력을 가한 사람은 아주 소수이지만, 이런 경우도 똑같습니다. 대상은 자신의 힘으로 입을 막을 수 있는 사람. 그럼으로써 가해행위를 아무에게도 알리지 않고 계속 당할 만한 사람. 힘이란 단순히 완력에만 한정되지 않습니다. 오히려 경제력이나 사회적 지위(교사나 직장 상사, 거래처 관계자 등)일 때가 많죠. 니노미야씨 역시 당시에 근무했던 회사의 상사가 가해자였습니다. 만약 그 남성에게 여성 상사가 있었다면, 그 상사에게는 결코 똑같은 짓을 하지 않았을 겁니다. 가해자가 선택하는 사람은 자신보다 작고 약한, 지배하기 쉬운 존재입니다.

성폭력 가해자들이 무엇보다 무서워하는 것은 주변에 그의 문제 행동이 발각되는 것입니다. 그리고 체포되는 것이죠. 사회적인 지위가 단숨에 무너진다는 이유도 크겠지만, 주변에 알려져 피해자가 보호받고 자신이 체포당하면 탐닉하던 가해행위를 못 하게 된다는 사실을 누구보다 잘 알고 있습니다. 그들이 말하는 '조건'이란 체포되지 않고 가해행위를 지속할 수 있는 조건이라고 봐도 무방합니다.

니노미야씨는 '조건만 충족하면 대상은 누구라도 상관없었다'라는 말에 대해 "너무나 슬프네요. 하지만 그게 현실이겠죠"라고 반응했습니다.

'왜 나였을까.' 가해를 반복하던 사람들이 보낸 대

답이 어떤 내용이더라도, 피해 당사자로서는 납득이 가지 않으리라 생각합니다. '그렇구나, 그래서 나였구나'라는 생각은 절대로 하지 못할 겁니다. 참가자들이 피해자가 납득할지를 염두에 두고 대답할 필요는 없습니다. 자신 안에 있는 것을 정직하게 언어화하면 됩니다. 하지만 그들을 보고 있으면 그 이전 단계, 즉 본인들도 아직 자신의 '왜'에 도달하지 못했다는 느낌을 받습니다.

이처럼 양쪽 다 개운하지 않은 채로 그날의 편지나 대화가 끝날 때도 자주 있습니다. 하지만 저는 이를 나쁘다고는 전혀 생각하지 않습니다. 정답이 없는 대답을 자신 안에 품고, 그런 상태로 계속 질문하고, 상대방이 보내는 반응을 본 뒤 다시 고민하고, 납득이 가지 않는 것을 받아들이고, 또 갈등한다…… 대화 프로그램의 의의는 이 같은 '소극적 수용력negative capability', 즉 대답이 나오지 않는 가운데서도 계속해나가는 힘에 있다고 생각하기 때문입니다. 때로는 대화하는 동안, 상대방이 아닌 자기 안에 어떤 도착 지점을 발견하고 납득을 얻기도 하겠죠.

왜 나였을까, 왜 나여야만 했을까. 앞으로도 때로는

단도직입으로, 때로는 다른 각도에서 참가자에게 질문해나갈 것입니다.

자신이야말로 피해자라고 생각하는 가해자

대화 프로그램 참가자들이 각자 언젠가 제 나름의 대답에 다다르기를 바라는 것이 또 한 가지 있습니다. '왜 성을 이용한 폭력이어야만 했는가'입니다. 이 또한 곧바로 답이 나오지 않는 질문입니다. 프로그램에서는 고민의 계기가 될 다양한 질문을 준비합니다. 멀리 돌아가는 듯 보여도 장기적인 시각에서는 헛되이 끝나는 과정이 아니라고 생각합니다.

'인지 왜곡'에 대해 생각해보는 것도 그 일환입니다. 자신의 인지가 비뚤어져 있음을 깨달았다면, 자기 대화 기술을 배우고 그러한 인지에 대한 대응법을 배워야 합니다. '왜'를 고민하기 전에 재범 방지 요소가 되는 중요한 과제입니다.

그들은 타자에게 상처를 주는 문제 행동을 계속하

고 싶어합니다. 그것이 '사는 보람이었다'라고 표현하는 사람이 있을 정도입니다. 그렇기에 비뚤어진 것일지라도, 보는 방식이며 사고방식을 문제 행동의 '성공 체험'과 함께 스스로 강화해나갑니다. '저렇게 피부를 노출하는 건 나를 유혹하는 거지' '처음에는 싫어해도 그러는 동안 기분이 좋아진다' 등 비뚤어진 인지는 가해자가 자신을 정당화하도록 할 뿐입니다.

가해자 임상 현장에서는 인지 왜곡이 얼마나 불가해하고 교묘하며 강력한지를 통감하는 일이 빈번하게 일어납니다. 진지한 태도로 클리닉에 다니며 프로그램에 참여하는 사람이라도 말끝마다 비뚤어진 면모를 드러내기도 합니다.

우리 클리닉의 스태프들은 그때마다 다양한 기술을 활용해 피드백합니다. 그리고 프로그램에는 'MCC 워크시트'라는 게 있어, 자신에게 반복되는 대표적인 인지 왜곡을 써내고 여러 각도에서 검증하는 활동도 때때로 합니다. 객관적인 관점에서 비뚤어진 사고방식임을 스스로 확인하기 위한 활동입니다. 이렇게 반복적으로 자각하는데도, 어떤 순간에 비뚤어진 면이 불쑥 얼굴을 내밀곤 합니다. 그들이 그런 인지 방식에 젖어 있었던 세월이 얼마나 길었는지 짐작할 수 있습니다.

자조 모임이나 대화 프로그램에서는 다른 참가자에게 '자신도 이전에는 그렇게 생각했지만, 지금은 그게 비뚤어진 인지 방식이었음을 안다'라며 지적당하기도 합니다. 비난이나 부정이 아니라 어디까지나 공감 섞인 지적입니다. 다른 사람에게 무리하게 가르침을 받거나 교정을 받는다고 해서 인지 왜곡에 맞설 수 있는 게 아닙니다. 스스로 깨닫지 않고서는 출발 지점에 서지 못합니다.

대화 프로그램에서도 빈번하게 비뚤어진 인지와 맞닥뜨립니다. 니노미야씨가 "그건 아마 당신의 인지 왜곡 패턴 중 하나겠네요"라고 지적하거나 그 강고함에 놀라움을 표하기도 하지만 정면으로 부정하지는 않습니다. 다만 때로는 이런 제안을 합니다. "여러분이 여러분의 피해자에게 품고 있는, 혹은 품고 있었던 불평불만을 이번 편지에 마음껏 토해내주세요."

의외의 제안이라고 생각하시는 분도 있겠죠. 가해

자는 원한과 증오를 감당해야 하는데 '불평불만'을 품고 있다는 게 이상하지 않느냐, 번지수를 착각한 게 아니냐고요. 프로그램 참가자들도 똑같이 생각했을 겁니다. 하지만 니노미야씨는 굳이 그 질문을 밀어붙이고 싶어했습니다. '다들 지나치게 얌전하다' '숨겨놓은 속마음을 한번 펼쳐보라!' 하는 마음도 있었던 것 같습니다.

앞서 기술한 대로, 우리 쪽에서 던지는 질문에 대한 참가자들의 대답은 자칫하면 '모범 답안'이 되기 쉽습니다. 속마음을 터뜨리지 않고, 생생한 감정을 억누르고, 불평불만은 애써 틀어막아버립니다. 항상 그들 앞에 속마음을 공공연하게 내놓는 니노미야씨로서는 속이 타기도 했으리라 생각됩니다.

"여자와 성적인 관계를 맺었습니다. SNS로 자기가 유혹했으면서, 경찰한테 홀랑 넘어가서는 내 이름을 대다니 지독해요. 선정적인 메시지도 자기가 보냈고 '만나서 싫으면 헤어지면 된다'라고도 먼저 말했고, 몸의 궁합만이 아니라 서로 마음이 맞았던 건데, 뭐라고? 당신이 내 이름을 대지 않았으면 내 인생은 순조롭게

풀렸을 거란 말이야. 당신은 나 외에도 여러 남자랑 관계를 맺는 게 목표였잖아. 당신이 경찰에 넘어갈 만큼 바보는 아니라고 생각했던 내가 바보였어. 당신이 넘어갔다니, 나는 아직도 화를 삭일 수 없어."

"유혹하는 듯한 복장을 입지 마(일부러 노출하거나 짧은 치마를 입는 등). 섹시하지 않은 옷을 입었거나 사진 찍히지 않을 만큼 긴 치마를 입었더라면 표적으로 삼을 마음이 들지 않았을 거라고. '찍히고 싶은가 본데, 이 사람(찍고 싶어지네)!' 이런 생각이 들게 하지 말라고."

"피해자에게도 다소 잘못이 있었다고 생각한다. 가해자에게도 나름의 고충이 있다(사람에 따라 다르겠지만). 나는 아내, 아이와 별거하게 되어 괴로운데, 100퍼센트 가해자가 잘못했다는 말을 듣는 것도 고통스럽다."

"정말로 그렇게까지 상처를 입었다고? 벌이 너무 무겁잖아."

"솔직히 속옷 절도는 피해자를 다치게 한 건 아니지 않나요. 저는 그걸로 직장도 잃고 가족도 잃었지만, 어디까지나 사람에 집착한 게 아니라 물건에 대한 집착이었잖아요. 좀더 원만하게 사태를 수습할 방법도 있지 않았을까요."

"제가 저지른 문제 행동은 만원 전철 안 성추행입니다. 체포되었을 때는, 피해자 뒤에서 가슴을 만지려다가 그쪽에서 저항해 만지지도 못한 상황이었어요. 하지만 성추행이라고들 하는 행위를 하려 했기 때문에 역에 도착하자마자 피해자가 소리를 질러 체포되었습니다. 그대로 내렸으면 서로 달라질 부분도 없고 이전처럼 생활할 수 있었을 텐데, 체포되는 바람에 당연히 직장도 잃고 주변 사람들과의 관계도 완전히 달라졌습니다. 왜 모르는 척하고 지나치지 않았을까요."

"싸우거나 금품을 뺏은 것도 아니다. 그냥 섹스한 것뿐이잖아."

2020년 1월 니노미야씨에게 온 편지

불쾌함을 억누르지 못하는 분도 많으리라 생각합니다. 책을 잠시 덮고 심호흡하시기를 권합니다.

자신의 가해행위를 과소평가하고 그 원인을 피해자가 제공했다고 뒤집어씌우는 답변은 이 밖에도 잔뜩 있었습니다. 가해자에게는 원래 '나야말로 피해자다'라고 여기는 경향이 있습니다. 가해했음을 인정하면서도 원인은 피해자에게도 있기에 자신만 잘못한

게 아니라고 생각하고, 그 일로 비난당하면 부당하다고 느끼고, 사죄를 받아주지 않으면 분노한다…… 가해자 임상에서는 이를 '가해자의 타책他責' '가해자에게 있는 피해자 의식'이라고 합니다. 저는 그들의 답변을 보며 이러한 면이 참으로 잘 드러나 있다고 느끼는 동시에, 인지 왜곡의 견본 같다고도 생각했습니다. 니노미야씨의 상상을 가뿐하게 뛰어넘었을지도 모르겠습니다.

앞에서도 말했습니다만, 클리닉에 오래 다닌 사람에게도 비뚤어진 사고방식은 뿌리 깊게 남아 있습니다. 그런 만큼 대처법도 몸에 익히고 있죠. 어떤 생각이 들 때면 재범 위험성이 높아진다고 스스로 판단해서 '아, 이건 경고 신호니까 주의해야지' 하고 자기 대화를 합니다. 그리고 그 자리를 벗어나거나 가족 또는 KP에게 전화해, 위험성을 회피하려는 적절한 행동을 취합니다. 이는 자신이 어떤 때에 재범 위험성이 높아지는지 밝히고 그 대처법을 고민하는 '위험성 관리 계획RMP'에 근거한 행동입니다. 스태프와 함께 이러한 계획을 정기적으로 재검토하고 발전시켜나감으로써 인지 왜곡에 적절히 대처할 힘을 기를 수 있습니다.

그렇다고 해서 왜곡된 인지가 완전히 사라진다는 의미는 아닙니다. RMP에서 지향하는 바도 인지 왜곡을 '0'으로 만드는 게 아닙니다. 문제 행동을 반복할 때의 그들은 '들키지 않으면 되겠지' '일주일 내내 열심히 일했으니까, 성추행쯤은 용서되겠지'라고 불시에 생각하고는, 그 기세를 타고 가해행위를 해버립니다. 나쁜 성공 체험을 쌓을 때마다 인지 왜곡은 더 강고해지는 법입니다. 사회에서 살아가는 한, 인지 왜곡이 얼굴을 내미는 순간은 반드시 옵니다. 그럴 때 '이건 프로그램에서 인지 왜곡이라고 배웠던 패턴이구나' '오늘은 위험하니까 다른 경로로 집에 가자' 하고 의식하는 것이 중요합니다. 그리고 그때 '스스로 피할 수 있었다' '문제 행동을 하지 않고 지나갔다'면서 이전과는 정반대의 성공 체험을 쌓아나갑니다. 오랫동안 강화되어온 비뚤어진 사고는 그리 쉽게 사라지지 않습니다. 그렇기에 왜곡된 면이 있음을 전제로 그 대응법을 학습하는 것입니다.

가해자 사이의 서로 닮은 인지 왜곡

인지 왜곡은 눈에 보이지는 않지만, 그들의 내면에 굳게 뿌리내리고 있습니다. 큰 나무가 하루아침에 자라지 않듯, 인지 왜곡도 처음에는 작은 싹에서 시작되었겠죠. 거기서 뿌리가 뻗어나가고 줄기가 굵어지면서 강고해집니다. 그렇다면 그 씨앗은 어디에서 왔을까요. 세상에 태어난 순간부터 '미니스커트를 입었다는 건 나를 유혹하는 거다'라는 식의 비뚤어진 인식을 지니는 사람은 없습니다. 어떤 시점에 그들이 사회에서 학습하고 갖춘 것입니다.

언제, 어떻게 그걸 체득했는지 알아보기 위해, 대화 프로그램에서 '여러분은 자신의 인지 왜곡을 언제쯤부터 자각했습니까? 어떤 과정을 거쳐 현재에 이르렀을까요?'라고 질문했습니다. 이때 돌아온 답변을 소개하겠습니다.

> "인터넷에서 불법 촬영 사진이나 동영상을 봤던 게 최초라고 생각합니다. 동영상을 보며 '나도 할 수 있지 않을까?' 하고 생각했고, 실제로 했다가 들키지 않고

지나가면서부터 돌이킬 수 없었습니다. 들키지 않으면 상대방이 알아차리지 못했으니 상처 주지도 않고, 나도 좋은 걸 봤으니 '윈-윈'이라고 생각했습니다. 상당히 비뚤어져 있었죠."

"제가 했던 불법 촬영 행위가 범죄라는 인식은 문제 행동을 시작했을 때부터 지금까지 늘 있었는데, '들키지 않으면 피해자는 없다'라는 인지 왜곡은 어린 시절부터 있었을지도 모르겠습니다. '엿보기'나 '치마 들추기' 같은 장면이 TV 방송 등에 나오는 걸 보고, 나쁜 장난이긴 하지만 '별일 아니다' '용서받을 수 있다'라고 믿었던 것 같습니다."

"제 인지 왜곡은 '성적인 대상으로 봐도 여성은 신경 쓰지 않는다'라는 것인데, 이러한 인지가 형성되고서 첫 번째 범행을 저지르기까지는 눈 깜짝할 사이였어요. 사실은 단 한 명의 여성이라도 싫다는 짓을 해서는 안 되는데, 싫어하지 않을 거라고 혼자 판단했던 경험이 때마침 운 좋게 맞아떨어지는 일이 반복되면서 인지 왜곡을 키웠던 것 같습니다."

"'들키지 않으면 괜찮다'라는 인지 왜곡을 언제 체득했을까요. 중학생 때 신호를 무시하고 길을 건넜던 기억이 있고요. 사춘기 시절 성에 흥미를 갖게 되면서 고등학생 즈음에는 제 문제 행동과 관련된 성인 동영상을 계속 봤는데, 동영상 속 비현실적인 것을 내가 해도 들키지 않겠다고 생각하기 시작했습니다. 대학생이 되었을 때 실제로 만원 전철 안에서 시도해봤는데, 그때 성공 체험을 얻음으로써 제 인지 왜곡이 완성되었다고 생각합니다."

2022년 7월 니노미야씨에게 온 편지

참가자 대부분이 진지하게 생각한 뒤 솔직하게 썼다는 인상을 받았습니다. 저는 이제까지 3000명이 넘는 성폭력 가해자의 인지 왜곡을 듣고 보아왔는데, 대체로는 패턴이 정해져 있습니다. 너무나 기상천외하게 비뚤어진 시각이라거나 이해하는 데 시간이 걸리고 반응조차 어려운 경우는 지극히 드물었습니다. 이렇듯 서로 비슷하다는 것은, 어떤 종류의 사회 통념이 인지 왜곡의 '씨앗'이 되기 때문이라고 봅니다.

답변 중에 성인 콘텐츠를 언급한 사람이 있습니다. 원래 18세 미만 미성년자의 눈에 닿아서는 안 되는 것입니다. 하지만 현실에서는 미성년자가 접근하기 어렵지 않고, 많은 남성에게 친근합니다. 나이가 어릴수록 크게 영향을 받으니, 그 속에서 묘사되는 장면을 '현실'로 받아들일 가능성도 높죠. 성인 콘텐츠가 모두 그렇지는 않지만, 다수는 여성을 인격적인 존재가 아니라 그저 성적인 대상으로만 등장시킵니다. '성인 동영상은 판타지'라고 말하지만, 그것이 만들어진 세계임을 아는 것과 여성을 인격이 없는 존재로 보는 것은 쉽게 양립합니다. 대등한 성적 관계를 만드는 방법을 알기 전에 이를 접한다면 악영향만 받겠죠.

성인 콘텐츠만 나쁘다고 생각하지는 않습니다. 주로 남성을 대상으로 하는 잡지 표지는 여전히 수영복 차림의 여성을 내세우곤 합니다. 또한 TV 보도나 예능 방송을 보면 여전히 남성 출연자가 주도적인 역할을, 여성은 부수적인 역할을 합니다. 이렇게 여성을 남성보다 낮은 위치에 두고 성적으로 소비해도 된다는 가치관도 '씨앗'이 됩니다. 그리고 그런 가치관이 자라기 쉬운 토양에서 우리는 살아가고 있습니다. 사회 전체의 인식이 비뚤어져 있다고 해도 될 만한 환경에서 아이들이 이를 학습하며 자랍니다.

이러한 씨앗은 계속 재생산되고, 한번 비뚤어진 인

지는 점점 더 강화됩니다. 수감 경험이 있는 가해자에게는 교도소마저 인지 왜곡을 강화하는 계기가 되기도 합니다. 일본의 교도소에는 '성범죄 재범 방지 지도'라는 프로그램이 있는데, 열 명 정도가 함께 수강하기 때문에 성범죄로 복역하는 사람들이 얼굴을 마주합니다. 또한 성범죄 수감자는 형무를 할 때도 통상 같은 작업장에 모여 일을 합니다. 다른 수감자들이 성범죄는 '더 비열한 범죄'로 간주해 많이 괴롭힌다는 게 한 가지 이유입니다. 이렇게 인지 왜곡이 개선되지 않은 사람들끼리 서로 안면을 터서 각자 문제 행동을 피력하고는 '그런 걸로 체포되다니 운이 나빴네' '이렇게 하면 더 잘할 수 있어' 하며 정보도 교환한다고 하죠.

수감 중에는 인지가 아무리 비뚤어져도 '표적'이 될 사람이 없으니 문제 행동으로 이어지지 않습니다. 하지만 그들은 결국 사회로 복귀합니다. 인지 왜곡이 방치된 상태로 사회에 돌아가면 재범 위험성이 높아지므로 새로운 피해자가 나오는 것은 물론, 그들 자신도 위험해집니다. 교도소와 달리 그곳에는 대상도, 트리거도 존재합니다. 출소 후에 클리닉 같은 곳에서 열리는 프로그램에 참여하면 좋겠지만, 대부분은 그런 시설과 연결되지 않습니다. 그들의 재범 패턴을 알면 알수록, 나쁜 의미에서 '납득이 가는' 점이 많습니다.

사람을 대상화하는 자동 사고

성폭력은 수많은 폭력 형태 중 하나이지만, 다른 폭력과는 성격이 크게 다릅니다. 그 요인 중 하나로 '대상화'가 있습니다. 문제 행동을 하며 상대방을 '물건'으로 보는 현상을 우리는 그렇게 부릅니다. 표적이나 사냥감, 인형이라고 표현하는 사람도 있었고, 여기에 쓰기도 꺼려지는 표현을 들은 적도 있습니다. 몸속에 피가 흐르는 인간이자 자신과 대등한 인격체로서가 아니라, 자기 편한 대로 만들어낸 대상물로서 상대방을 바라봅니다.

하지만 가해행위를 반복하는 시기의 그들은 그 사실을 신경 쓰지 않습니다. 대상화한다는 인식이 없으니 '당신은 상대방을 물건으로 보고 있네요'라고 말해줘도 무슨 뜻인지조차 이해하지 못하겠죠. 한편 '물건으로 취급되었다'라는 감각은 많은 피해자가 공통으로 지니고 있지 않을까요. 인간으로서의 존엄을 짓밟혔다는 인식도 거기에서 온다고 생각합니다.

가해자 측은 피해자가 그리 생각한다는 것을 모릅니다. 니노미야씨는 자신의 피해 체험을 이렇게 표현하며 참가자들에게 그 부분을 전했습니다.

> "여러분은 어떻게 가해행위를 실행할 수 있었을까요. 어떻게 그런 행위를 반복해올 수 있었을까요. 어느 분이 말씀하셨죠. 피해자를 인간으로 생각하지 않았다, 물건으로 간주했다고요. 그 말이 모든 걸 나타낸다고 봅니다. 저 같은 피해자들은 인간이면서도, 범죄행위를 겪고서 인간임이 한번 파괴되었던 사람들입니다. 물건이 되지 않고는 견디지 못했죠. 물건이 되기를 강요당했던 것입니다. 그렇기에 인간으로 돌아가고 싶고, 그러기 위해서 자신의 존엄을 되찾고 싶은 간절한 마음입니다."

2020년 7월 니노미야씨가 쓴 편지

니노미야씨는 성폭력 피해 상태를 종종 '산산조각'이라고 표현합니다. 원래 사람에게는 쓰지 않는 표현입니다. 그 말을 굳이 사용하는 이유는, 가해자에게 물건으로 취급됨으로써 피해자가 부서져 흩어진다는 사실을 전달하는 데에 그만큼 딱 들어맞는 말이 없기 때문이겠죠.

대상화는 일종의 '자동 사고'입니다. 어떤 상황에서 곧바로 자기 의사와 관계없이 어떤 생각이나 이미지가 떠오르는 것을 자동 사고라고 합니다. 문제 행동의 위험성이 높을 때 실행으로 옮길 수 있는 조건이 갖춰지면, 거의 자동으로 눈앞에 있는 사람을 '물건'으로 포착해버립니다.

인지 왜곡과 마찬가지로, 그들에게 어린 시절부터 대상화하는 습관이 있었을 리는 없습니다. 어디서 어떻게 학습해 체득하게 되었을까요. 스스로 돌아보지 않고서 습관을 수정하기란 어렵겠죠. 그 기회를 대화 프로그램에서 마련했습니다. '인간은 조건이나 환경에 따라 타자를 대상화하는 성질이 있습니다. 당신이 인간을 대상화하는 순간은 어떤 때입니까'라는 질문에 이런 대답이 나왔습니다.

"트리거를 당기는 순간, 자기 편할 대로 만들어낸 세

계에 매몰되어버린다. 그 세계에서는 모든 것이(시간이나 공간마저) 자신에게 편할 대로 만들어진 '물건'이 된다."

"문제 행동을 했을 때라고 생각합니다. '젊은 여자'로밖에 보지 않았습니다. 다른 사람의 인격·성품을 보지 않으려고 함으로써 '대상화'하고, 물건을 대하는 거니까 괜찮다면서 자신의 문제 행동을 정당화하려고 했는지도 모릅니다."

"성적인 일로 '대상화'하는 일이 많지 않을까 싶습니다. 사춘기가 되기 전에 봤던 에로물이나 성인 비디오에서 영향을 많이 받았다고 생각합니다. 또한 그것들을 숨기고 몰래몰래 보는 행위도 문제 행동으로 연결되었을 것 같습니다."

"사람을 물건으로 취급하면 상처를 준다는 건 잘 알고 있습니다. 그렇기에 사람을 대상화하는 것이 최상의 희열로 이어진다고 생각합니다. 사람을 지배함으로써 상처받은 자존심을 회복하고, 나 자신은 살아 있어서 좋다고도 느끼죠. 물건이라기보다는 자기 인생을 풍요롭게 하는 제물이라는 쪽이 적절할지도 모르겠네요."

마지막 답변을 읽고 무척 잔혹한 어투에 충격을 받은 분도 있을지도 모르겠습니다. 일부러 위악적인 글을 쓴 듯하기도 하지만, 대상화의 본질을 보여준다고도 저는 느낍니다.

사람을 물건으로 대함으로써 상대방을 지배하고, 그로써 자신의 우위성을 확인한다. 이를 처음으로 체험했을 때는 인생이 확 달라질 정도의 사건이라고 느꼈을 겁니다. '성폭력 가해로 전지전능한 기분을 느꼈다' '남자로서 힘을 확인할 수 있었다'라고 말하는 사람도 있었으니까요. 그들에게 그 충격은 가늠하기 어려울 정도이고, 문제 행동은 그 전능한 기분을 얻기 위한 수단에 지나지 않는다고 볼 수도 있습니다. 한 번 성공하면 한 번 더, 계속해서 한 번 더…… 하고 갈구할 만큼 중독성이 있습니다. 그러다 정신을 차려보면 강박적 성행동이라는 늪에 빠져 있습니다.

사람으로 취급되지 못했던 경험이 물건 취급을 낳는다

대상화가 배태하는 문제는 한 가지 더 있습니다. 문제 행동으로 상대방을 가해하고 상처를 주고 나면, 그들에게는 그 시점에서 이 행위가 한 차례 완결됩니다. 성취감과 함께 그 장소를 벗어나는 순간, 단숨에 과거의 사건이 되죠. 한편 피해자는 오랫동안 그 영향 속에서 살아가게 됩니다. 가해자가 거기까지 상상하지 못하는 이유 중 하나로 이러한 대상화가 있다고 봅니다.

상대방이 인간이면 다소간 상상할 수 있어도, 물건이라고 여기면 상처든 고통이든 그 뒤의 인생이든 '없는' 것이 되어버립니다. 나아가 그 대상을 소중하게 여기는 가족이나 친구의 존재에도 생각이 미치지 못합니다. 이렇게 대상화라는 자동 사고가 작동하는 한, 피해의 실태를 알기란 도저히 불가능하겠죠.

하지만 대화를 거듭하면서, 인격이 없는 물건으로 취급되는 것은 여성이나 어린아이만이 아닐지도 모른다는 점 역시 보이기 시작했습니다. 그들 또한 과거에 물건으로 취급된 경험이 있었던 게 아닐지. 우선 참가자의 편지를 소개합니다.

"최근 '사람을 사람으로 대하는 것'과 '사람을 물건으로 취급하는 것'의 차이는 무엇일지 고민하고 있습니다. 경계선 같은 게 어딘가에 있는 걸까요, 아니면 그라데이션처럼 생겨서 회색 지대가 넓게 퍼져 있는 걸까요. 자신이 사람으로 대할 의도였대도 그 사람이 물건 취급당했다고 생각하면 그렇게 되어버리고, 그 반대도 마찬가지죠.
물건 취급당하는 경우가 많은 만큼, 사람 취급이란 뭘까? 일단 무엇부터 시작하면 좋을까? 이런 생각을 합니다."

2022년 4월 니노미야씨에게 온 편지

니노미야씨는 이렇게 답신을 썼습니다.

"사람을 사람으로 대한다. 사람을 물건으로 취급한다. 확실히 자신은 사람으로 대할 의도였더라도 상대가 물건 취급이라고 생각하면 그건 물건 취급이 되어버리죠. 그러네요. 그런데 잘 생각해보세요. 당신의 '사람 대접'이 상대방의 존엄을 손상하는 결과를 낳지는 않았는지. 당신이 생각하는 '사람 대접'을 애초에 업그레이드했어야 하는지도 모릅니다. 자신이 사람으로 대접받았을 때, 당신은 어떤 생각을 했습니까? 어떤 느낌을 받았죠? 거기에는 무엇이 있었나요? 어떤 온도였습니까? 어떤 감촉이었습니까?
반대로 당신이 물건 취급을 당했을 때, 당신은 어떤 생각을 했습니까? 어떤 느낌을 받았나요? 거기에는 무엇이 결여되어 있었죠? 어떤 온도였고 어떤 감촉이었나요? 당신은 상대방을 사람으로 대했는데도 그가 물건 취급을 당했다고 받아들인 게 아니라, 어쩌면 당신의 '사람 대접'과 '물건 취급'에 별 차이가 없는 것일지도 모릅니다."

2022년 5월 니노미야씨가 쓴 편지

여성을 대상화해서 문제 행동을 해온 참가자도 사실은 사람으로 대접받지 못한 채 살아왔을지 모릅니다. 이는 참가자에게나 니노미야씨에게나 중요한 깨달음이었습니다. 제게도 마찬가지였고요.

물건으로 취급당했을 때 당신은 어떤 생각을 했느

냐는 니노미야씨의 질문에, 참가자들은 어린 시절 여성에게 성폭력을 당한 경험이나, 엄격한 아버지가 자신을 '대를 이을 자식'으로밖에 보지 않았던 경험, 사회인이 되어서도 자신이 회사의 부속품에 지나지 않음을 깨달았던 경험, 학대 경험 등을 이야기했습니다.

뚜껑을 열어보니 참가자 대부분에게 대상화된 경험이 있고, 짓밟히는 고통을 모르지 않는다는 사실을 알 수 있었습니다. 공통점은 '자신은 가치 없는 인간이다'라고 생각했다는 것입니다.

'남자다움'을 강요당하다

문제는 그 뒤입니다. 자신의 고통을 어떻게라도 분출하고 싶다는 마음을 타자에게로 돌리는 사람이 있습니다. 가해행위를 반복하던 때를 돌아보며 '자신이 그렇게 당했기 때문에, 이번에는 내가 그렇게 하겠다는 마음이 들었다'라고 쓴 참가자도 있습니다. 그가 예전의 경험으로 대단한 상처를 받았다고 한들 '그러니 가해해도 어쩔 수 없다'라는 건 절대로 성립되지 않습니다. 변명으로 활용해서도 안 됩니다.

다만 누군가를 대상화하면 그가 또 다른 누군가를 대상화해버린다는 악순환은 그냥 지나치기 어렵습니다.

"자신이 대상화되었던 경험을 기억하는 분도 있을 테고, 그런 경험이 없는 분도 있겠죠. 모두 각자 사정을 안고 있겠구나, 생각하면서 여러분의 답신을 읽었습니다. 대상(표적)은 어디까지나 '물건'이다, '물건'이니까 그렇게 취급해도 상관없다, 오히려 그렇게 생각하는 게 속 편하다 싶겠지만, 상대방을 대상화하는 순간, 대상화하는 자신도 '비인간'이 되는 건 아닐까요? 즉 자기 자신을 깎아내리는 게 아닐까요? 바꿔 말하면 자신마저 물건 이하로 여기는 게 아니냐는 거죠. 제게는 그렇게 느껴집니다. 그럼으로써 전부 마비되어버리죠."

2021년 8월 니노미야씨가 쓴 편지

인간이 아니다, 사람이 아니다…… '비인간'. 그것이 바로 대상화입니다. 실제로 가해행위를 반복했던 사람 대부분이 과거에 어떤 피해 경험이 있었다고 앞서 기술했습니다. 자기를 부정당하고 짓밟히고 무시당한 경험입니다. 어린 시절에 겪은 사람도 있지만, 성인이 된 뒤에 겪은 사람도 있습니다. 그야말로 엄청난 일을 겪은 사람도 있습니다. 거기에는 성폭력을 비롯해, 어린 시절 가족에게 지속적으로 성 학대를 당했다는 고백도 있었습니다.

이제 언급할 '남자다움을 과도하게 강요하는 것'도 넓은 의미에서는 피해 체험이라 해도 되지 않을까 싶습니다.

"아버지에게 '너는 장남이니까'라는 말을 자주 들으면서 '남자니까, 장남이니까 참아야 하는 건가? 여자로 태어나면 다른가?' 하고 생각했습니다. 문제 행동을 해버렸다는 사실이 스스로 정말로 싫고, 만약 여자로 태어났더라면 그런 일이 없었을지도 모른다고 생각할 만큼 남자로 태어난 게 싫습니다."

"초등학교 때 여자 담임에게 '남자니까 울지 마'라는 말을 듣고서 남자로 태어난 게 괴롭다고 생각했던 경험은 타자, 특히 여성을 대하는 행동에 큰 영향을 미쳤습니다. 물론 그게 그대로 문제 행동으로 이어지는 건 아니라고 생각은 합니다. 그래서 그보다 더 근원은 무엇일까, '왜'일까를 고민하고 있습니다."

"최근까지 의식하지 못했던 것인데, 유소년기의 나와 대면하면서 생각한 부분이 있다. 아버지에게 '남자니까 울지 마' '참아'라는 말을 듣고, 그걸 필사적으로 지키려다가 실패를 극도로 두려워하게 되었다. 다른 사람에게 약한 모습을 보이기 싫다는 이유로 인간관계를 피상적으로만 유지하다가 언젠가부터 고립되고 말았다."

2021년 2월 니노미야씨에게 온 편지

왜 남자다움을 강요하는 것도 피해 체험으로 꼽는 걸까요. 참가자들의 답변을 보면, 남성으로서 사회에서 살아가는 그들에게는 자신이 짓밟혔음을 스스로 인식하는 데에 지나치게 높은 장애물이 있다고 느껴집니다. 진득하게 참아야 한다, 나약함을 보이면 안 된다, 울면 안 된다⋯⋯ 고통을 부인하며 '남자다움'에 적응해온 그들에게는 피해 자체가 나약함의 증거이기에 그것을 입으로 내뱉으며 도움을 구하는 짓은 어리

광에 불과합니다.

이처럼 고통을 고통으로 승인받지 못한 채 자란 남성은 수없이 많겠죠. 저도 예전에 그랬고, 육아 중인 지금도 아들이 느끼는 고통을 바로 부정해버리기도 합니다. 대화 프로그램에 오는 그들도 똑같이 고통을 부정당하거나, 혹은 그 고통이라는 감각에 '고통'이라는 말을 붙이지 못한 채 감각의 주체성을 주변 어른들에게 박탈당했을지 모릅니다.

답변에는 근친이나 아주 가까운 사람에게 '○○다움'을 강요당한 경험이 드문드문 보였습니다. 가정, 학교, 미디어 등 어디에서나 '○○다움'이라는 말을 들어야 하는 사회에서 그 영향을 받지 않고 성장하기란 사실상 거의 불가능합니다. 그렇게 접해온 메시지를 어린 시절부터 무의식적으로 내면에 받아들이고 처음부터 자신에게 있었던 가치관인 듯이 생각해왔으므로, 이를 부정하기란 무척 어렵습니다.

자신들의 트라우마를 깨닫지 못하는 가해자

자신이 짓밟혔음을 깨닫기 어려워하는 현상은 가정 내에서 성 학대 피해를 겪은 남성에게서도 두드러지게 나타났습니다. 그는 자신의 체험을 이야기한 뒤, '그런 일도 있었지만, 딱히 피해라고 할 만큼 대단한 건 아니었습니다'라고 매듭지었습니다. 체험을 구체적으로 들어보면, 누구나 가혹하다고 느낄 정도였는데도 말이죠.

어린 시절에 겪는 성폭력은 성별에 관계없이 '피해'로 인식하기 어렵다는 점은 이미 여러 연구를 통해 전 세계적으로 밝혀졌습니다. 자신이 입은 피해의 의미를 잘 몰랐거나, 성적인 '그루밍' 때문에 애정이라 생각하거나, 피해 당시에 해리가 일어나 일시적으로, 때로는 장기간에 걸쳐 기억이 사라져버리기 때문입니다. 남성이라면 이에 더해 '남성은 성폭력 대상이 아니다'라는 고정관념이 강하게 존재하는 데다, 피해를 당하는 건 남자답지 않으므로 자신이 약하고 한심한 인간이라고 생각하거나, 자신이 동성애자일지도 모른다는 혼란을 느끼면서 피해를 '인식하지 못하는' 상황에 빠집니다.*

이미 존재하는 '남성이란 이러하다'라는 이미지가 피해 인식을 방해하는 것입니다. 여성 피해자는 강간 신화 때문에 피해를 인식하기 어렵고, 남성 피해자는 남자다워야 한다는 고정관념 때문에 인식하기가 어렵습니다.

자신의 피해를 피해라고 인식하지 못하는 남성들은 플래시백이나 자해 행위 같은 증상으로 문제가 표면화되는 경우가 적은 듯합니다. 하지만 아무렇지 않다는 의미는 절대 아닙니다. 마음속 깊숙이 있는 상자에 상처를 눌러 담고는 무거운 돌로 눌러 봉인했을 뿐입니다. 상자를 앞으로도 영영 닫아둘 수는 없습니다. 부지불식간에 갉아먹다가 그 배출구로 새로운 피해자를 낳는 사슬은 일찌감치 끊어버려야 합니다.

대화 프로그램 참가자에게 피해 경험에 대해 물었을 때, '없다'라는 대답도 많았습니다. 정말로 없을까, 인식하지 못할 뿐인 건 아닐까, 간단히 판단하기 어려

* 미야자키 고이치宮崎浩一, 니시오카 마유미西岡真由美, 『남성의 성폭력 피해男性の性暴力被害』, 슈에이샤集英社, 2023.

운 면이 있습니다. 그렇다고 '사실은 피해 경험이 있죠?'라고 묻는 건 현명하지 않습니다. 가해자인 그 사람이 회복의 어느 단계에 있는지에 따라 피해자성에 접근하는 일은 위험하기도 합니다. 제 경험상 명백한 증상을 노정하는 사람보다 자신의 감정을 꽁꽁 얼려 남자다움에 과하게 적응하고는 '자신은 피해 따위 입은 적 없다'라고 부인하면서 살아가는 사람에게 더 진중하게 접근해야 합니다.

니노미야씨는 피해 체험과 맞닥뜨리지 않고서 자신의 가해 경험과 대면하는 건 불가능하다고 느낍니다. 자신이 겪은 피해를 고민해봄으로써 가해에 대해서도 고민하게 되는 측면은 확실히 있습니다. 저도 일부분 찬성합니다만, 순서상 그들이 먼저 집중해야 할 일은 재범하지 않기 위한 기술을 배우고, 자신이 저지른 가해행위에 대한 책임과 대면하는 일입니다. 그보다 먼저 피해자로서의 자신에 초점을 맞추면, 그들의 의식은 자신의 피해자성에만 머무르고 맙니다.

여기서 개인의 트라우마를 건드리지 않고 피해 체험과 가해 경험을 연결해보기 위해, '왜 과거의 상처=피해 경험이 현재의 가해행위나 성 의존 문제로 이어지는가'라는 질문을 고른 적이 있습니다.

"싫은 기억이나 사건을 한순간이라도 잊고 싶었을 때, 성적인 콘텐츠에서 느끼는 자극이 그걸 금세 잊게 해주었습니다. 현실에서 도피하는 방법이지만, 싫은 기억과 성은 원래 전혀 관계가 없는데도 마치 제일 좋은 방법처럼 제 머릿속에 박혀버렸습니다. 스스로 돌아보니 그런 생각이 듭니다."

"저는 어린 시절, 맘 편히 지낼 곳이 없었습니다. 집에서나 학교에서나 학원에서나 안도감을 얻을 수 없었죠. 그러던 중 마음을 가라앉혀주던 콘텐츠는 성이었습니다. 어른들 눈에 닿지 않도록 숨어서 야한 비디오나 성인 사이트를 보면 흥분과 위로를 동시에 얻을 수 있었어요. '이거 없이는 못 살아. 성 이외의 취미를 즐기는 인간들의 마음이 이해가 안 돼'라는 생각까지 했습니다. 그러는 동안 수많은 비디오 중에서 성폭력 가해를 다룬 것을 접했고, 가해하는 기분과 위로를 결부했던 게 아닌가 싶습니다."

"자기 마음을 엉망진창으로 만들 정도로 스트레스가 심한 체험은 가치관을 바꿔버리기 때문이라고 생각합니다. 다른 사람에게 상처를 주기 전에 걸어야 할 브레이크가 마모되어버린 게 아닐까요. 격렬하게 마음이 동요하는 상태를 어딘가에서 찾으려 했던 게 아닌가 싶기도 하고요."

"자신이 주위 사람들과 다르거나 환경이 달라서 인간관계가 소원해지고, 점점 고립되어가다가 고독이나 스트레스를 껴안겠죠. 또한 자신이 피해를 당하면, 살기 위한 방책으로 타인을 상처 입히는 잘못된 인지가 형성되고, 그걸 해소하려고 문제 행동에 빠져버리는 게 아닐까요."

"과거에 상처를 받고 뭔지 모를 강한 외로움을 느꼈던 게 아닐까요. 문제 행동을 그 외로움의 배출구로 삼으려고 했는지도 모르겠습니다."

"부모님과 선생님이 과도하게 기대하면, 그 기대에 부응해 '모두에게 칭찬받는 아이'가 되려고 항상 노력하다가 무리하게 된다. 때로는 아무렇지 않게 거짓말을 하고, 다른 사람에게 상처를 준다. 자꾸 거짓말만 하고 자신을 똑바로 직시하지 못해, 성에 관한 것을 숨기고 거짓말도 아무렇지 않게 하게 된다."

"나는 엄격한 훈육을 받으며 그걸 고통스럽다고 느끼

는 자신을 가둬버린 채 '착한 아이'로 자라났다. 실패하거나 나약함이 드러났을 때 창피를 당하고 싶지 않아서, 사람과 깊이 사귀는 것도 피했다. 그 결과 다른 사람에게 공감하거나 누군가를 소중하게 대하는 데 익숙지 못해, 타인이 느끼는 마음의 고통을 모르는 인간이 되었다. 여성은 존중받아야 할 사람이 아니라 성욕을 채우기 위한 것이었다. 피해자의 공포, 마음의 고통을 이해한다면 성폭력 가해 같은 건 하지 못했을 것이다."

2023년 2월 니노미야씨에게 온 편지

여기서 '왜 성을 이용한 폭력이어야만 했는가'에 대한 답이 조금씩 보입니다. 아무리 쓰라린 체험을 했더라도 그게 타자를 상처 입힐 이유는 되지 않습니다. 하지만 이러한 체험을 접하다 보니, 그들의 상처가 조금이라도 빨리 치유되었다면, 또는 신뢰할 만한 사람과 상담할 수 있었다면, 다른 많은 사람이 피해자가 되지 않았을지도 모른다는 생각이 듭니다.

약한 모습을 보이지 않다가는 고립된다

대화 프로그램 참가자들을 보고 있으면, 대부분 'SOS를 보낼 줄 모른다'라는 특징이 있음을 알 수 있습니다. 자신이 곤란할 때, 주변에 도움을 요청하지 못합니다. SOS를 보내지 못하면, 그대로 참거나 혼자서 뭐라도 해보려고 발버둥 치는 수밖에 없습니다. 나약함을 들키거나 어리광을 부리고 싶지 않으니까요.

SOS를 보내는 것을 '구조 희구希求'라고 합니다. 이러한 능력의 결여는 사실, 의존증과 밀접한 관련이 있습니다.

사람은 너무나 괴로워 어쩔 도리가 없을 때, 알코올이나 약물, 도박 같은 것에 구조를 요청합니다. 그것을 스트레스에 대한 코핑coping, 대처법으로 삼음으로써, 삶의 괴로움을 일시적으로 달랠 수 있기 때문입니다. 즉 고통을 완화하려고 어떤 물질이나 행위에 탐닉합니다. 이를 자기치료가설이라 합니다. 반복하는 동안 행위의 빈도와 양이 늘어가다가, 마침내 정신을 차렸을 때는 제어할 수 없는 지경에 이릅니다. '부정적인 강화', 즉 부적절한 스트레스 코핑이 습관화된 상태가 의존증입니다.

의존증은 주변을 매섭게 집어삼키는 '관계성의 병'이기도 합니다. 문제 행동을 일으킬 때마다 주변에서 속을 태우며 뒷감당할 수밖에 없습니다. 부적절한 코핑에 탐닉하는 것이 '도와줘' '날 돌봐줘'라는 메시지를 보내는 행동이라는 해석도 있습니다. 이를 '모순된 메시지paradoxical message'라고 합니다. 그 절실함과는 반대로, 의존증이 진행될수록 주변에서는 손을 내밀어주는 데도 한계가 있다고 느껴 그 사람과 멀어지기 시작합니다. 도움을 강하게 요청할수록 본인은 결국 고립되어버리니 아이러니하죠. 그래서 의존증은 '고독한 병'이라고도 불립니다.

성폭력 가해로 이야기를 되돌려봅시다. 강박적 성 행동을 통해 모순된 메시지를 보낸다? 그럴 가능성도 충분하지만, 사람에게 상처 입히는 행위로 주변에 SOS를 보내서는 안 되며, 가해행위를 통한 자기치료도 본말이 전도된 이야기입니다. 문제 행동을 반복하다가 고립되고, 다시 더 깊이 문제 행동으로 내몰리는 악순환. 고립되면 될수록 문제 행동에 대한 욕구는 높아집니다. 구조 요청에 서툰 것이 문제 행동 재발의 한 요인이 되기 때문입니다.

SOS를 보내지 못하는 것이 문제 행동으로 이어진다

1장에서 가해자와 피해자에게는 공통점이 있다고 설명했을 때, 그 한 가지 예로서 사회에서의 '고립'을 들었습니다. 피해자는 쉽게 SOS를 보내지 못합니다. 성폭력 피해를 신고해도 믿어주리라는 보장이 없고 실제로 2차 가해를 당하기도 합니다. 간신히 힘을 짜내어 보낸 SOS가 거절당할지도 모른다고 생각해, 목구멍 끝까지 올라온 목소리를 삼킵니다. 그런 피해자가 셀 수 없을 정도로 있습니다. 니노미야씨에게도 그런 시기가 있었는데, 그대로 지나치지 못한 친구들이 몇 번이나 도움을 주었습니다.

도움을 구하는 것은 가해자와 피해자 모두에게 중요한 과제입니다. 대화 프로그램에서 이런 질문을 해보았습니다. '도움을 요청하는 능력을 얼마나 갖추고 있습니까? 그걸 체득하기 위해 뭐가 필요할까요?' 참가자들에게서 이런 대답이 나왔습니다.

"제게는 도움 요청 능력이 별로 없는 것 같습니다. 지금까지 '타인에게 의존하지 않고도 혼자 어떻게든 될 거야, 어떻게든 할 거야' 하고 생각할 때가 많았습니다. 하지만 그게 저만의 비밀이 되어서 문제 행동을 일으키는 쪽으로 이어졌다고 지금에서야 생각합니다."

"클리닉에 오기 전, 저는 이상한 자존심 때문에 다른 사람에게 잘 의지하지 못했습니다. 이 정도는 혼자서 해결해야 한다든지, 상담을 받아도 상대방의 조언을 순순히 받아들이지 못한다든지…… 결과적으로 맞서지 않고 도망치는 경향이 있었습니다. 저 자신에게조차 거짓말을 하고 있었던 거겠죠. 지금은 거짓 없이 살아가기로 결심해, 실행하고 있습니다. 이것이 제게는 도움 요청 능력을 체득하기 위해 가장 중요한 일입니다. 형편없는 저도 저니까요. 자신을 긍정하는 능력도 중요합니다."

"프로그램에 오기 전과 비교하자면 확실히 능력이 나아졌다고 느낍니다. 일단 진짜(마음)를 말합니다. 그러기 위해서는 불필요한 자존심('이상하게 보이고 싶지 않다', 애초에 이상하니까 치료를 받고 있었던 건데……)을 버렸습니다. 도움을 청한 결과를 과도하게 기대하지 않는(내 마음대로 될 거라고 멋대로 생각하지 않는) 것일지도 모르겠습니다."

"도움을 구하는 능력은 전혀 없습니다. 정말로 없습니다. 지금까지 지나치게 혼자서 해결해왔습니다. 누군가가 있으면 페이스가 흩트러져 오히려 일이 잘 안 됐습니다. 그래서 지금은 그 점을 의식해, 다른 사람에게 도움을 구하는 걸 과제로 삼고 있습니다. 오늘도 아르바이트를 하면서 상사에게 도움을 청했습니다. '뭐든 물어봐' 하고 응해줘서 무척 기뻤습니다."

2021년 4월 니노미야씨에게 온 편지

이에 대해 니노미야씨는 이렇게 답했습니다.

"뭐든 혼자서 해내야 한다, 이런 생각을 끌어안고 있을 필요는 없어요. 누구든 혼자서는 못 하는 일이 있습니다. 그럴 때 SOS를 보낼 줄 아는 것도 중요합니다.

이렇게 말하는 저도 실제로는 무척이나, 무척이나 SOS를 보내는 게 서툴러요. 항상 혼자서 끌어안고 있었죠. 애초에 누군가 도와줬으면 하는 생각 자체를 하지 못했습니다. 막상 도와줬으면 하는 생각이 들어도, 그걸 입 밖으로 내기까지 정말로 오랜 시간이 필요한 사람입니다.

그러다 보니 실패도 잦습니다. 여러분은 '도와줘'라는 말이라도 주변에 할 수 있는 사람이 되었으면 좋겠어요. 주변에 도움을 구하는 건 결코 부끄러운 게 아닙니다. 오히려 주변에서는 그걸 기다리기도 하죠. 그러니 무너지기 전에, 넘어지기 전에, 도와달라는 한마디를 할 수 있는 사람이 되세요. 여러분에게 이렇게 썼으니, 저도 그렇게 되도록 노력하겠습니다. 저도 노력할 테니까, 여러분도 꼭, 그렇게 해보길 바랍니다.

2020년 5월 니노미야씨가 쓴 편지

니노미야씨도 SOS를 보내는 데 서툴다고 털어놓았지만, 실은 저도 도움 요청하기를 무척 어려워했습니다. 남자라면 스스로 어떻게든 하는 법이다, 다른 사람에게 의지하는 건 남자답지 않으니 부끄럽다는 생각에 문제를 혼자 끌어안고 있었습니다.

니노미야씨가 쓴 편지를 읽은 참가자들은 그녀가 등을 두드려주는 기분을 느꼈을 겁니다. 도움을 제대로 요청하지 못하면 문제 행동으로 이어지고, 가해행위를 멈추지 못하는 상황에 빠져도 스스로 눈을 감아버립니다. 뭐라도 해야 한다고 생각하지만 누군가에게 도움을 구하지는 못하죠. 그렇게 수렁에 빠져 자기 의지로는 헤어나지 못하다가, 종국에 체포라는 형태로 발각되었을 때는 이미 엄청난 수의 피해자가 생긴 뒤입니다. 구조 희구 능력이 취약한 채로는 진정한 의미에서 가해행위를 극복하기가 요원합니다.

낮은 자존감, 높은 자존심

답변 중에 나온 '자존심'이라는 단어에 주목해보고 싶습니다. 가해자 임상에서 만나는 가해 경험자들의 특성을 저 나름대로 표현한다면 '낮은 자존감과 높은 자존심'이라 하겠습니다.

자존심은 살아가는 데 있어 자기 내면에서 버팀목

이 되는 것입니다. 너무 낮으면 많은 어려움을 낳고, 지나치게 높으면 골치 아프다는 사실은 누구나 압니다. 여기서는 이에 더해 '낮은 자존감'과 한 쌍을 이룹니다. 이렇게 나란히 놓고 보면 기묘하게 불균형한 상태임이 느껴지지 않습니까?

언젠가 자존심에 대해 이렇게 쓴 참가자가 있었습니다.

"몸을 한껏 세우고 강한 체하는 게 아닐까요. 다른 사람에게 걱정을 끼치지 않으려고 그런다며 변명하지만, 사실은 약한 소리를 못 하는 겁니다. 자신의 자존심이 솔직한 마음을 털어놓지 못하게 방해하는 거죠."

2021년 8월 니노미야씨에게 온 편지

몸을 세우고, 강한 체하고, 약한 소리를 못 하는 것도 '나는 남자다' '남자라면 약한 면을 보여서는 안 된다'라는 굳센 믿음이 곤란한 상태가 될수록 그 편견을 강화하기 때문입니다. 약한 때일수록 허세를 부리지 말고 SOS를 요청해야 합니다. 이 과제를 해결하려면 과도하게 높은 자존심을 한번 손에서 놓을 필요가 있습니다.

니노미야씨는 자존심에 대해 이렇게 썼습니다.

"입 밖에 꺼내기 어려운 말로 '가르쳐주세요'나 '모르겠습니다'를 많이 꼽았더군요. 그렇죠. 모른다는 사실을 밝히는 건 자신의 자존심을 깎아내릴지도 모릅니다. 하지만 그런 자존심이 정말로 필요할까요? 모르는 걸 아는 체하며 넘겨버리는 게 더 부끄럽지 않나요? 제 능력을 초과했는데 감당할 수 있는 척해서 스스로 몰아붙이는 일이야말로, 결과적으로 주변에 폐를 끼치지 않습니까?"

2021년 11월 니노미야씨가 쓴 편지

낮은 자존감 또한 도움 요청을 방해합니다. '이런 일로 도움을 구해서는 안 된다'라는 마음이 작동하는 사람도 있기 때문입니다. 저 역시 예전에 익숙했던 사고방식이라, 그런 생각 자체에는 공감이 갑니다. 그리도 높은 자존심을 품고 있으면서 도움을 요청할 자신은 없다니, 상반된 듯 느껴질지 모르겠지만, 한 사람 안에 여러 모순이 있다는 점 자체는 특별히 이상하지 않습니다.

자존감을 단순하게 해설한다면 '자신을 긍정하고 소중하게 여기는 마음의 움직임'이라고 할까요. 프로그램에서는 '자긍심'도 거의 같은 의미로 사용합니다. 적절하게 지니지 못하면 스스로 자신감이 떨어지고 가치 없는 인간이라고 느끼게 됩니다. 그들 자신도 겪은, 타자에게 물건 취급을 당한 경험과 관계가 없지 않습니다. 그런 자신을 거짓 자존심으로 지탱한다는 건 무척 위험하지만, 이 같은 체험을 한 사람이 적지 않을 겁니다. 일이 제대로 굴러가지 않거나, 누군가에게 부정적인 취급을 받거나, 이렇다 할 갈등은 없는데도 뭐가 제대로 되지 않는 등 자존감이 무너져 '나는 괜찮다'라고 생각하기 어려울 때가 누구에게나 있습니다. 뭐라도 버팀목이 필요하다는 마음이 분명히 듭니다.

이들의 문제는 그럴 때 가해행위를 함으로써 '나는 괜찮다'라고 자신감을 되돌리려 한다는 데 있습니다. 문제 행동을 했을 때의 심경을 되돌아보라고 하면 '짜증 나서 될 대로 되라고 생각했다' '자포자기였다'라는 표현이 많이 나옵니다.

또한 재범 방지를 위해 자신이 어떤 때 문제 행동의

위험성이 높아지는지를 밝히고 대처법을 생각해보는 RMP에서도 '일하다가 크게 실수했다' '상사에게 부당하게 질책당했다'와 같이 자신이 가치가 없다고 느꼈을 때, 또는 부당하게 취급되어 존재 가치를 부정당했다고 느꼈을 때라는 기술이 빈번하게 나왔습니다.

그들은 자신을 지나칠 정도로 크게 보여주려는 경향이 있습니다. 마치 상처받지 않으려고 몸을 부풀리는 가시복어 같습니다. 그렇게 해서 애써 남자라고 과시하려는 걸까요. 그럼에도 자신의 우위성을 실감하지 못할 때, 그들은 문제 행동을 향해 치밀하게 움직이기 시작합니다.

승인 욕구는 왜 성 가해로 이어지는가

성폭력은 타자의 자존감을 짓밟는 인권 침해 행위입니다. 그로써 자신의 자존심이나 우위성을 회복할 수 있음을 그들은 경험적으로 압니다. 인지가 크게 왜곡되어 있음이 틀림없습니다. 성 가해를 해놓고서 '이런 짓은 나밖에 못 하지' 하며 자신이 특별하다고 느꼈다, 성공함으로써 자신이 더 높은 단계에 오른 느낌을 받았다는 등 표현은 다양합니다만, '나는 무가치하다'에서 회복할 뿐만 아니라 어느 정도 자신감까지 얻습니다.

가해행위를 당한 상대방이 '나를 받아들여준다'고 느꼈다는 말도 많은 가해자가 합니다. 자존감이 현저히 낮은 그들은 이렇게 가치 없는 자신을 다른 사람이 받아주지 않을지도 모른다는 두려움이 있기 때문에, 가해행위를 완수하면 '받아들여졌다'라는 강렬한 감각을 얻습니다. 셀 수 없을 만큼 많은 피해자를 낸 상습적인 가해자가 '성추행하는 동안 받아들여졌다는 안도감이 있었다. 뭐라고 표현하기 어려운 온기를 느꼈다'라고 이야기했습니다. 피해자 대부분이 공포스러운 나머지 움직이지 못할 뿐이라는 사고는 크게 결여되어 있죠.

지금까지의 기술에서 그들이 저지르는 문제 행동의 근저에 성욕이 있는 게 아님을 이해하셨을 겁니다. 그들의 이야기를 들을 때마다 '받아들여졌다' '자존감이 회복되었다'라는 감각은 성적 쾌감을 크게 능가하는지도 모르겠다는 생각이 듭니다. 그렇기에 탐닉하고, 포로가 되고, 사는 보람으로 여깁니다. 게다가 이는 체포라는 '사회적인 죽음'과 등을 맞대고 있습니다. 언젠가는 반드시 파탄에 이른다는 사실을 마음속 어딘가에서는 알고 있기에 지금은 멈추지 못합니다.

'다른 사람이 받아들여주기를 바란다, 인정해주면 좋겠다'라는 마음은 승인 욕구라고 바꿔 말할 수 있습니다. '자신의 존재를 인정하고 받아들여주기를 바란다' '자신의 가치를 인정받고 싶다'라는 욕구 자체는, 정도의 차이는 있지만 누구에게나 있습니다. 하지만 성 가해를 지속하는 그들의 승인 욕구는 질적으로 다릅니다.

승인 욕구가 왜 문제 행동, 가해행위로 이어지는 걸까요. 여기서 대화 프로그램 참가자의 한 사례를 소개하겠습니다. 그 남성을 C씨라고 하겠습니다.

어느 날, 저는 C씨가 재범했다는 보고를 받았습니다. 그의 문제 행동은 공공장소에서의 신체 노출로, 당시는 집행 유예 기간이었습니다. 집행 유예 기간에 재범하면 거의 확실하게 실형 판결이 내려지기 때문에,

많은 사람이 이 시기를 '절대로 재범해서는 안 된다'라는 긴장감과 함께 보냅니다(물론 재범은 언제든 해서는 안 됩니다만).

그는 출소 후 반년쯤 되자마자 체포 이전에 다니던 직장으로 복직했습니다. 우리 스태프들은 시기상조라고 느꼈지만, 본인이 강하게 원하니 말릴 수는 없었습니다. C씨는 복직 후 일에 전념했습니다. 원래부터 과할 정도로 진지한 성격이라, 일을 혼자서 끌어안고 있었습니다. '능력 있는 놈으로 보이고 싶다' '믿음을 얻고 싶다'라는 마음이 벅차오르는 듯했습니다. 그의 진지한 태도가 대체 어디서 왔는가 하면, 끝없는 승인 욕구입니다. 자신감이 없었던 C씨는, 그렇기에 좋은 평가를 받고 싶다, 일을 통해 인정받고 싶다는 일념으로 다 해내지 못할 정도의 많은 업무를 맡았습니다. 큰 사업의 마감일이 닥쳤기 때문에 일은 얼마든지 있었습니다.

같은 시기에 집안에 불행이 닥쳤습니다. 고인은 C씨가 체포되었을 때 회사에 복직할 수 있도록 물심양면으로 도운 사람이었습니다. 그 스트레스로 탈이 난 걸까, 하며 C씨는 자신을 책망했고 사후의 여러 뒷일을 떠안았습니다. 한편으로는 일도 놓지 않았기 때문에 시간적 여유가 전혀 없어 클리닉에도 발걸음이 뜸해졌죠.

그리고 어찌저찌 중요한 업무를 마감했던 날, C씨는 재범했습니다. 극에 달한 피로와 스트레스가 확 빠져나가던 순간에 문제 행동의 트리거가 눌렸고, 정신을 차려보니 역 안에서 노출 행위를 하고 있었습니다. 클리닉에서 C씨는 RMP에도 진지하게 참여했기 때문에 이러한 상황에서 위험성이 높아진다는 것도 알았고, 그럴 때 어떻게 대처해야 하는지도 머리로는 시뮬레이션할 수 있었습니다.

하필이면 프로그램에 열의를 보이던 사람이…… 하고 아쉬워하는 분도 있을지 모르겠습니다. 왜 일을 마감한 시점에 재범해버렸는지도 의문스럽겠죠.

여기서 중요한 부분은 '일'과 '승인 욕구'입니다. 많은 남성에게 일은 승인 욕구를 채우는 수단이기도 합니다. 물론 여성에게도 마찬가지입니다만, '남자는 밥벌이가 없으면 안 된다'라는 가치관이 지금도 일본 사회에 뿌리 깊이 남아 있다 보니, 아무래도 남성들이 그렇게 생각하는 경향이 강합니다. C씨는 운 좋게 복직했지만, 복역 기록이 있는 사람은 취직이나 복직이 쉽지 않습니다. 하지만 그들은 조금이라도 빨리 일자리를 얻고 싶어합니다. 남자니까 돈을 벌어야 한다는 초조함이 아니더라도 '일을 하지 않는 나는 무가치한 존재다' '일로 평가받고 싶다, 나를 가치 있는 인간으로 인정해주면 좋겠다'라는 마음이 강해집니다. 하지만 몸은 하나고, 일을 떠맡는 데도 한계가 있습니다. 일이란 하면 할수록 잘 굴러가는 게 아닙니다. 게다가 실수하면 형편없는 인간으로 여겨질 거라는 불안감이 더욱 자신을 몰아붙이겠죠. 스트레스가 쌓이고, 어떻게든 누군가에게 자신을 받아들이게 만들고 싶다는 욕구가 솟구치고…… 이렇게 재범의 위험성은 점점 더 높아집니다.

프로그램에서 집행 유예 기간이 끝나는 시점과 복직하는 시점에 재범 위험성이 특히 높아진다는 말을 들은 참가자들도 그럴 법하다고 수군대곤 했습니다. C씨는 전형적인 사례라고 할 수 있죠.

재범한 C씨는 체포되었을 때 '안도했다'라고 말했습니다. 피해자를 생각하면 어처구니없는 발언입니다. 그럼에도 C씨는 복직하고부터 줄곧 '숨을 쉴 수 없는 상태'였다고 했습니다. 늦은 만큼 되돌리고 싶어 스스로를 일에 몰아넣고 집안 문제까지 떠안았지만, 그럼에도 승인 욕구는 채워지지 않았습니다. 게다가 클리닉에도 오지 못했죠. 이래서는 안 된다고 자신을 더욱 몰아갔습니다. 문제 행동의 재발은 어떤 의미에서 그의 역설적인 메시지, 즉 SOS였다고 생각합니다. 자신은 지금 무척 힘든 상태에 있으니 구해달라고, 이대로는 재범할지도 모른다고, 주위 사람들에게 멈추게 해달라고 말하고 싶었는지 모릅니다. 피해자를 내는 형태로밖에 SOS를 보내지 못했다는 점에서 우리 스태프들도 무척 안타까워했습니다. 더 이른 단계에서 스태프를 비롯해 많은 사람에게 의지했더라면 좋았겠다고 생각하지만, 통원이 어려워지면 우리가 돕는 데도 한계가 있습니다.

스트레스를 해소하는 선택지를 착각한다

받아들이기 어려울 만큼 힘든 일이 있거나 자존감

이 크게 무너져 아무리 자포자기한 때라도, 그 사람 앞에는 선택지가 마련되어 있습니다.

스트레스에 대처하는 방법을 가리키는 '스트레스 코핑'은 사람마다 다릅니다. 가족이나 친구에게 하소연을 들어달라고 하거나, 느긋하게 목욕하거나, 여행을 가거나, 맛있는 음식을 먹거나, 갖고 싶었던 물건을 사거나…… 스트레스의 종류나 정도에 맞게 코핑을 활용한다면 얼마든지 건강하다고 할 수 있습니다. 하지만 코핑에 부적절한 면모가 섞이는 일도 있습니다. 적정량을 훨씬 넘어선 음주, 돈을 빌려서까지 하는 도박 등이 그렇습니다. 자신과 타자에게 해를 끼치는 짓으로 대처해버리는 것이죠. 타자에게 가해하는 행위를 코핑으로 선택하는 건 가장 심각한 경우지만, 성을 매개로 폭력적인 코핑을 선택한 사람은 가해자 자신입니다.

어떤 고통이나 스트레스를 누그러뜨리기 위한 자기치료로서 성폭력 가해를 선택하고, 피해자가 저항하지 않은 것을 '받아들여졌다'라고 오인하며 승인 욕구를 채우는 사람들. 다른 선택지가 있음에도 왜 성폭력이었을까요. 언젠가 대화 프로그램에서 참가자들에게 '타인에게 승인받고 싶다는 욕구는 원래 성폭력이 아니라 다른 방법으로 충족해야 하는데, 왜 성 가해였는가' 하고 물었습니다.

"자신감이 없어 여성과 사귀어본 적이 없고 말도 제대로 걸지 못해서, 그걸 해결하려면 문제 행동이 제일 손쉬운 방법이라고 생각했던 것 같습니다."
"적극적으로 여성과 관계를 맺으며 소통하는 정통적인 방법을 취하기가 성가시고, 무섭고, 실패하면 어쩌나 싶어서 피했습니다. 하지만 욕구는 있죠. 그래서 다른 방법으로 채우려고 했고요. 그랬는데 눈앞에 성 가해가 있었던 거죠."
"다른 방법을 몰랐다. 승인 욕구만을 충족시키려고 가해했을 리 있을까. 성적인 흥분이나 기호, 지배욕, 유능감을 맛보고 싶었던 것도 크다."
"저는 성 가해 자체로 승인 욕구를 채웠다고는 생각하지 않아요. 승인 욕구는 일에서 성과를 남김으로써 채워지는 건데, 그러느라 생기는 스트레스의 배출구로 삼았던 거죠. 그걸 성 가해로 선택한 이유는, 솔직히 그때의 저에게는 그 문제 행동으로 스트레스가 제일 많이 해소되었기 때문입니다."

"제가 바깥 세계에 감추고 있었던 가장 강한 욕구가 성욕이었고, 성욕에 패배하면서 시험에도 실패해 인생이 망가졌다는 의식이 제 안에 강하게 있었습니다. 성욕에 패한 인생이라는 점은 변하지 않는다고 믿어 버리고는, 가해에 이르렀습니다."

2023년 4월 니노미야씨에게 온 편지

이러한 답변을 본 저는 승인 욕구와 성 가해의 관계를 곧바로 깨닫지 못하는 참가자가 많겠다고 생각했습니다. 그러나 양쪽을 연결 짓는 질문을 던지는 것은 다소 섣부를 가능성도 있습니다. 여성과의 관계나 소통 등 인간관계를 성욕과 연관 짓는 참가자들이 눈에 띄었습니다. 성욕이나 여성과 관계 맺고 싶은 마음에서 성 가해를 저질렀다는 말은 언뜻 그럴싸해 보이기도 합니다. 사회에도 '성폭력은 성욕이 원인'이라는 통설이 있고, 범인을 체포해 조사한 경찰관이 '성욕을 주체하지 못해서 그랬다'라는 이야기로 정리해서 조서를 작성했다는 이야기도 종종 듣습니다. 미디어에서도 '성욕을 억누르지 못해'라는 경찰 발표를 그대로 보도하는 경향이 있죠.

이런 식의 '알기 쉬운' 표현에는 주의가 필요합니다. 대화 프로그램에서 이야기하거나 쓰는 데에 정답은 없습니다만, 안이하게 흘러가서는 곤란합니다.

피해는 없었던 일이 되지 않는다

전 세계적으로도 성폭력 가해와 승인 욕구에 대한 연구는 아직 거의 이루어지지 않았습니다. 다만 지금까지 가해자 임상 현장에서 성추행을 반복하던 사람이 "상대방이 저항하지 않은 건, 나를 무조건 받아들여준다는 뜻이죠"라고 말하거나, 직장에서나 가정에서 자신은 불우한 입장이라고 느끼던 남성이 성추행 뒤 "내게 승인 욕구를 채울 유일한 장소는 전철 안입니다"라고 말하는 것을 많이 들었습니다. 어린이에게 성폭력을 저지른 남성들은 '어린아이는 무조건 나를 받아들여준다'라고 말합니다. 왜 승인 욕구가 성을 이용한 가해행위와 연결되는지는 저로서도 계속 붙잡고서 탐구해보고 싶습니다. 여러 방면에서 연구가 진행되기를 바랍니다.

"왜 성 가해였을까, 하는 질문에 대한 여러분의 말. 솔직히 말하자면 여러분의 글만으로는 그다지 납득이 가지 않았습니다.
원래 '성 가해'란 동의가 없는 상태에서 일어나는 성에 관한 가해행위 전반을 의미하는 표현이죠? 왜 하필 여러분은 매번 피해자가 생기는 성 가해에 경도되어야만 했을까요. 성 가해 외에 다른 길은 없었던 걸까. 그걸 잘 모르겠어요. 프로그램 시간에 여러분끼리 그에 대해 좀더 파고들어 고민해보면 좋겠습니다.
자신의 문제 행동이 가해행위라는 인식조차 없었다고 하신 분도 있었죠. 처음에는 그랬을지 모르지만, 그렇다면 깨달은 다음에는요? 깨닫고 나서는 어땠나요?
전에도 썼습니다만, 아무리 이유가 정당하든 어떻든, 여러분이 한 것은 가해행위이고, 범죄이며, 피해자를 낳은, 그런 짓입니다. 여러분이 한 짓은 어떤 이유를 붙이더라도 없었던 일이 되지 않아요. 그럴 수가 없습니다. 거기엔 엄연히 피해가 존재합니다. 아무리 반성하고 죄지은 만큼 보상하겠다고 해도 그 사실은 변하지 않아요. 피해는 없었던 일이 되지 않습니다. 그렇기에 여러분은 없었던 일이 되지 않는 피해(가해)와 어떻게 대면해나갈 거냐, 라는 질문을 받아안아야 하지 않나요."

2023년 5월 니노미야씨가 쓴 편지

때때로 질문을 고안해낸 우리의 의도와 참가자에게서 온 답신이 어긋나기도 합니다. '왜 나여야만 했을까' '왜 성을 이용한 폭력이어야만 했을까'라는 본질적인 질문일수록 그렇다고 느낍니다. 가해자 임상은 세 걸음 앞으로 나갔다가 두 걸음 후퇴하는 과정의 반복임을 통감하는 게 이런 때입니다.

핵심부터 찌르며 본질에 다가가는 접근이 반드시 효과가 있다고는 할 수 없습니다. 한 사람 한 사람의 대화 프로그램 참가 시기가 제각각이라, 발걸음을 맞추어 접근하기가 어렵다는 점도 이유 중 하나입니다.

그럼에도 이렇듯 속 시원하게 물어봅니다. 참가자는 고민하고, 갈등해야 합니다. 니노미야씨의 메시지도 그들의 답변을 부정하지 않습니다. 애초부터 유일한 정답은 없는 질문이니까요. 문제는 자신들이 해온 짓의 핵심이 되는 부분을 건드리는데도, 그들에게 갈등이 느껴지지 않았다는 점입니다.

자신에게도 타인에게도 가치가 있다는 건강한 사고

대화 프로그램은 자신의 나약함을 인정하고 공개하는 장입니다. 이는 자존감을 회복하는 계기가 되기도 합니다. 편지를 쓸 때도, 대화할 때도 정직한 태도를 요구받고, 그럼으로써 '꾸밈없는 자신이어도 괜찮다'라는 점을 알게 됩니다. 니노미야씨도 각 참가자를 하나하나의 '사람'으로 보고 대화합니다. 당신의 가해 행위는 용인하지 않지만 당신의 인격은 존중한다는 니노미야씨의 성실한 자세를 느낍니다.

지금까지는 낮은 자존감을 높은 자존심으로 지탱하면서 무리하게 자신을 크게 보여주려 했던 사람들입니다. 무거운 갑옷을 단숨에 벗기란 어려울 테고, 알몸이 되는 듯한 두려움도 있겠죠. 성 가해로 상대를 지배했을 뿐만 아니라, 동성을 향해서는 '이런 건 나밖에 못 하지' '이런 게 가능한 나는 다른 사람보다 더 대단해'라며 우월감을 확인하던 사람이 적지 않습니다. 무척이나 비뚤어진 우월감입니다.

전혀 다른 상황이지만, 저도 비슷한 경험이 있습니다. 고등학교 시절 프로 축구선수를 지망했으나 부상으로 단념해야만 했습니다. 축구를 그만두고 나니 알몸이 되어 사람들 앞에 선 기분이었습니다. '이거라면 내가 다른 사람들보다 뛰어나다'라는 우월감으로 자신을 지탱해왔는데, 그게 없어져버린 거죠. 뭐라고 표현하기 어려울 정도로 허전했고, 이제 나는 어떻게 되는 걸까 하는 불안감이 들었습니다. 그저 있는 그대로의 내가 된다는 건 그런 기분이었습니다.

대화 프로그램 참가자들은 '처음에는 솔직하게 말하고 쓰는 게 무서웠다'라고 털어놓기도 합니다. 하지만 먼저 참가해온 사람들이 솔직하게 자신에 대해 썼을 때, 그게 받아들여지고 공감을 부르고 피드백을 받는 장면을 보면서 '있는 그대로 나를 드러내도 괜찮구나' 하고 생각하게 됩니다. 허세를 부리며 종잇장처럼 얄팍한 자존심으로 자신을 지탱하지 않아도 되고, 그럼으로써 취약한 자존감을 지키지 않아도 괜찮습니다. '솔직하게 말하고 쓰기'란 자존감과 자존심 사이를 메워 균형을 잡아가는 작업이라고도 할 수 있습니다.

니노미야씨는 어느 편지에서 참가자들에게 이런 메시지를 보냈습니다.

> "여러분에게서 온 편지들을 읽다가 문득 이런 생각을 했습니다. 남자라면 강한 모습을 보여야 한다고 사람들은 말하지만, 애초에 강하다는 게 뭘까.
> 저는 진정한 강함이란 자신의 약하고 추한 면을 드러낼 줄 아는 것이라 생각합니다. 자신의 약하고 추한 면마저 보여줄 수 있다면 주변과도 연결될 수 있죠. 그렇게 생각하지 않습니까? 그런 힘이야말로 진정한 강함이 아닐까, 저는 그렇게 생각합니다."
>
> 2022년 6월 니노미야씨가 쓴 편지

약하고 추한 면을 드러냄으로써 주변과 연결된다……. 대화 프로그램은 같은 문제를 안고 있는 동료와 만나는 장이기도 합니다. 자신이 쓴 내용을 누군가가 받아들여주면, 자신도 상대방이 쓴 것을 받아들이게 됩니다. '내게도, 당신에게도 가치가 있다I am Okay,

You are Okay'라고 서로 승인하는 것은 건강한 모습입니다.

일반적인 인간관계에서도 이는 이상적인 관계입니다. 하지만 실현하기는 간단치 않습니다. 특히 대화 프로그램 참가자들은 어떤 의미에서 그런 관계성과 아주 먼 곳에 있었습니다. 프로그램을 통해 거듭 건강하고 대등한 관계성을 배우면, 이전처럼 자신보다 약한 입장에 있는 사람에게 일방적으로 승인 욕구를 강요하지 않겠죠. 공포감으로 굳어버린 상대방에게 '받아들여졌다'라고 느낀다 한들, 공허할 뿐입니다. 그때까지 쌓아온 인간관계가 너무 얕으면 그런 공허함조차 깨닫지 못하겠습니다만.

여성을 부러워하는 심리

여기서 성 가해자의 여성관에 대해 생각해보고 싶습니다. '받아들여주면 좋겠다'라는 그들의 승인 욕구를 더 깊이 들여다보는 작업과 관계가 있기 때문입니다. 어떤 참가자의 편지에서 시작하겠습니다.

"아버지로부터 '너는 장남이니까' '남자니까'라는 기대를 받으며 살아왔습니다. 내가 괴로움을 느끼는 건, 남자로 태어났기 때문에 어리광 부리면 안 된다는 겁니다. 여자로 태어났더라면 얼마나 좋았을까요. 여자가 부럽다, 교활하다고 생각했고, 학창 시절 여자 담임 선생에게 '남자니까 울지 마'라는 말을 듣고서는 남자로 사는 게 괴롭다고 느낀 적도 있습니다. 그런 경험이 타자, 특히 여성에 대한 제 행동거지에 큰 영향을 미쳤습니다. 그렇다고 해서 그게 곧바로 문제 행동으로 이어지지는 않았다고 생각합니다. 그래서 근원이 뭘까, '왜'일까 고민하고 있습니다."

2023년 2월 니노미야씨에게 온 편지

니노미야씨는 이렇게 답장을 썼습니다.

"여자가 부럽다. 여자는 교활하다. 여자로 태어났더라면 얼마나 좋았을까! 정말로 그러네요. 왜 남자는 울면 안 되는 걸까요. 남자든 여자든 울고 싶을 때는 울어야죠. 장남이든 차남이든, 남자든 여자든 똑같은 대우를 받고 싶고요. 태어난 순간부터 우리는 남녀로 구분되어 계속 차별 대우를 받습니다. 어느샌가 우리는 거기에 젖어, 스스로 누군가에게 똑같이 그런 식으로 대하기도 합니다. 아이러니하죠.
확실히 말씀하신 대로, 그게 문제 행동으로 바로 이어진다 할 순 없다고 봐요. 하지만 그게 한 원인이라는 점도 부정하기는 어렵지 않을까요. 여성에 대한 질투 같은 증오라고 할까. 그런 C씨의 마음이 '여자 따위는 당해도 싸다'라는 의식으로 이어지지 않았을까 하고 저는 상상하는데, 어떻게 생각하시나요?"

2023년 3월 니노미야씨가 쓴 편지

그의 편지에서 니노미야씨와 제가 특히 주목했던 부분은 '여자가 부럽다, 여자는 교활하다'라는 인식입니다. 읽어보면 그가 어린 시절부터 남자다움을 강요당하며 느낀 답답함에서 출발해 그런 인식에 도달했음을 알 수 있습니다. 하지만 거기서 그는 남자답게 행동하는 데에 저항감이 없거나 어떤 답답함도 느끼지 않고서 살아가는 동성이 아니라, 이성에 대해 부정적인 감정을 품고 있습니다. 꽤나 단편적이라는 인상도 들지만, 이게 그의 내면에서만 일어나는 현상일까요.

참가자들에게 이렇게 물어보았습니다. '자신이 남자로서 살아가기가 괴롭다고 느낀 경험을 써주세요. 또한 여자가 부럽다고 생각했던 경험도 써주세요.'

"남자니까라는 이유로 내게만 힘겨운 일을 시키면서 급여는 똑같다. 자기 편할 대로 '여자라서 난 못 해, 힘이 없어'라며 귀찮은 일을 요리조리 피하고 남자한테 떠넘기는 여자한테 화가 나고, 부럽다고 생각했다."

"'여자는 얼굴이 예쁘거나, 남자를 내세우고 자기는 집에 들어앉으면 되니까, 잘 태어나서 인생 쉽게 사는 거지' '남자는 돈이나 지위, 외모가 달리면 결혼도 못 하고 손해다', 이렇게 성차별적으로 생각하며 도리어 이를 갈았습니다."

"저는 중고등학교 때 인기가 없었습니다. 실례가 되는 말이지만, '별로 예쁘지도 않은데 남자친구가 있네' 하면서 여자는 예쁘지 않아도 누구랑 사귈 수 있구나, 남자는 얼굴이 괜찮거나 특별히 재미있지 않으면 누구랑 사귀지도 못하는데, 라는 완전히 잘못된 생각을 했어요. 저 자신도 외모만 가지고 판단했으면서 여자는 외모만 보는 것들이라고 남 탓만 했습니다."

"건축 관련 일을 했다. 남성은 힘쓰는 일. 여름은 덥고, 겨울은 춥고. 비가 오든, 눈이 오든 일해야 한다. 휴식 시간 중에도 거의 일(도면 확인이나 다음 공정 준비)을 한다. 여성은 사무 같은 것만. 에어컨, 난방 완비. 실내. 차라든가 과자 같은 거나 먹으면서."

"술장사를 했는데, 그때 여자는 단시간에 돈을 많이 벌어서 좋겠다고 생각했습니다."

"성 충동을 억누르지 못하고 가해해버린 자신을 깨달았을 때, '여자였으면 이런 짓을 하지 않았을 거야'라는 생각에 괴로웠습니다. 여성이 부럽다고 생각했던 때는 옷이 싸고 종류도 다양해서 멋 부리기가 좋겠구나 싶었을 때. 하지만 니노미야씨의 이야기를 듣고, 그럴 수 없게 된 여성이 내 피해자 중에도 있겠구나 싶어서 괴로워졌습니다."

"'힘쓰는 일은 남자가 하는 거지'라면서 괴롭고 힘든 작업을 시킨다. 학생일 때는 남자들끼리 종종 싸움(폭력 등)이 있었는데, 여자는 폭력적인 싸움을 일으키지 않고 평화롭게(조용히) 생활해서 부러웠다."

여기서는 여성을 부럽다고 생각했던 일화를 주로

들었지만, 답변 중에는 '그렇게 생각한 적 없다' '여성이 더 힘들다고 생각한다'도 있었습니다. 그 이유는 월경 등 신체적인 부담, '여성들 간의 관계성은 커뮤니케이션을 요구해서 신경 쓸 일이 많아 보인다' 등이었습니다. 또한 아내나 자매의 생활을 가까이에서 보며 부럽다는 생각은 들지 않았다는 대답도 있었습니다.

여성을 질투하면서도 멸시하는 '약자 남성'

앞의 대답을 읽으며 '인터넷 공간이나 SNS에서 종종 보는 말들 그대로네'라고 느낀 분들도 많을 겁니다. 여성은 사회에서 우대받기에 인생을 편하게 살고, 남성만 불리함을 강요당해서 인생에 고충이 많다는 말은 '여존남비'의 사고방식입니다. 최근에는 '약자 남성'이라는 개념도 미디어에서 빈번하게 들립니다.

현실은 제 저서 『남존여비 의존증 사회』에도 썼듯이, 사회의 거의 모든 곳에서 남성에게 유리한 구조가 지금도 온전히 유지되고 있으며, 사회 전체가 그 구조에 의존한다는 겁니다. 그렇다고 해서 모든 남성이 쉽게 살아간다는 말은 아닙니다. 그러한 사회에 적응하지 못해서, 혹은 패배해서 힘들어하는 남성이 많고, 대화 프로그램 참가자들 또한 그런 심정을 강하게 느끼고 있음을 답변에서도 알 수 있습니다. 여성이 우대받고 남성이 폄하된다고 느끼는 남성은 늘 일정한 수를 차지하는 것 같습니다.

답변만 놓고 보면 여성의 일이 편한 것도 같습니다. 그런 측면이 전혀 없다고는 하기 어렵지만, 그만큼 여성은 남성과 비교해 비정규직 고용 비율이 높고 임금이 낮습니다. 여성은 노력하지 않아도 연애 대상과 얼마든지 만날 수 있다는 것도 무척이나 비뚤어진 시각입니다. 여성을 '교활하다'라고 생각하는 이유는, 원래는 유리한 위치에 있어야 할 존재가 아님에도 그런 이득을 얻어가기(그렇게 보이기) 때문이겠죠. 여성을 부러워하는 듯하지만, 사실은 아래로 내려다보는 속내가 드러납니다.

그들의 이러한 인지가 문제 행동으로 직결되지는 않습니다. 하지만 그들은 기해행위의 대상으로 자신보다 여러 의미에서 '힘'이 세다고 생각하는 상대, 존경하는 상대는 선택하지 않습니다. 자신보다 아래에 있어야 하는 상대이니 당연히 받아들여줘야 한다는 사고방식에는 이러한 사회적 배경이 있습니다. 일단 '여존남비'라는 생각부터 버리고, 자신의 여성관이 '남존여비'에 기반을 두고 있음을 깨달아야 합니다.

여성에게 당연히 인기가 있어야 한다고 여기게 만드는 사회

이어서 생각해볼 문제는 '인기'입니다. 성 가해자는 일반적으로 '인기 없고 성욕을 주체하지 못하는 남성'이라는 이미지가 뿌리 깊게 존재하지만, 가해자 임상 현장에서 '인기'가 화제에 오른 적은 거의 없습니다. 다만 이제 소개할 편지에는 그냥 지나칠 수 없는 부분이 있습니다. 지금까지 보아온 '승인 욕구'와 '남자다움', 이 두 가지 지점입니다.

> "어머니는 저를 응석받이로 키우셨고, 뭐든 긍정적으로 받아주셨습니다. 하지만 사회에 나가서는 여성에게 생각보다 인기가 없어 구애조차 할 수 없는 게 불

만이었고, 밸런타인데이에 초콜릿 하나 주지 않는 여성들을 원망했습니다. 뭐라도 시도조차 해보지 않으면서 하렘의 왕인 양, 여성들에게 인기가 있는 듯이 으스대니 보기에도 불쾌했겠죠. 사춘기의 저는 밸런타인데이에 '상처'를 받았지만, 그건 자폭이었고 자신을 되돌아보며 성장하기 위한 정신적 '성장통'이었지, 부조리한 폭력을 당한 게 아니었습니다. 가해자의 '상처받았다'라는 피해의식이 정반대로 원한이 되어 가해를 휘두르는 면이 있다고 생각합니다(저는 그랬습니다)."

2023년 3월 니노미야씨에게 온 편지

인기란 이성에게 승인을 받음으로써 얻는 것입니다. 그는 하렘 같은 상황을 남성으로서 당연하다고까지는 말하지 않지만, 이상적인 상태라고 생각하는 듯합니다. 게다가 자신은 아무것도 하지 않으면서 무조건 얻을 수 있다고 생각합니다.

이에 더해 주목하고 싶은 부분은 여성 각각의 인격이나 개성 등은 염두에 두지 않은 채, 그저 '여성'이라고 일괄한다는 점입니다. 여성과 만나서 서로 알아가다가 교제에 이르는 과정은 그의 내면에 없는 것 같습니다. 그 결과, 상처 입는 사람은 자신입니다. 멋대로 상처 입고, 멋대로 원한을 품고서 문제 행동을 저지르다니 말도 안 되는 일이죠. 그는 지금 대화 프로그램에서 그 부분을 있는 힘껏 냉정한 시선으로 되돌아보고 있습니다.

여성이 받아주지 않아 상처를 입고, 도리어 여성을 무서워하거나 원망하게 되는 현상은 어린이에게 성 가해를 하는 사람에게서도 종종 보입니다. 제 저서 『소아성애라는 병—그것은 사랑이 아니다小児性愛という病—それは、愛ではない』 발간 직전, SNS에서 이런 글이 논쟁을 일으켰습니다.

"같은 세대와의 관계성에서 좌절한 우리에게서 아이를 성적 대상으로 소비할 권리까지 빼앗아가는가."

이 글에는 수만 개의 '좋아요'가 달렸습니다. 같은 연령대 여성과의 연애에서 좌절했다는 이유로 여성을 원망하고 여성혐오에 빠진 사람은 현실 사회에 일정 수가 있습니다. 그들이 모두 '어린아이라면 거절하지 않을 거야, 나를 받아들여줄 거야'라는 비뚤어진 인지를 지니고 성 가해에 이르지는 않습니다. 그러나 지금까지 제가 소아기호증 진단을 받은 사람, 그리고 실제로 어린이에게 성적 가해를 했던 사람 대부분에게서 이와 비슷한 이야기를 들은 것도 사실입니다.

참가자에게서 '여성이 상처 입어서 기분 좋다, 흥분을 느낀다'라는 발언을 들을 때마다, 소아 성 가해자가 아니어도 여성에 대한 원망과 혐오감으로 문제 행동을 일으키는 사람이 적지 않겠구나, 하고 생각합니다.

언젠가 대화 프로그램에서 '여성에게 상처를 입힘으로써 채우고 싶은 욕구는 무엇인가'를 물었을 때, 다음과 같은 대답이 돌아왔습니다.

게임에서 승리한 듯한 감각

무엇으로든 상관없으니, 누군가에게 이기고 싶다

'외롭다' '만회하고 싶다'

여성에 대한 열등감 불식과 복수심

꼴 좋다는 느낌

여성에게 어떤 영향을 끼쳤다는 만족감

남성으로서의 입장을 보증받았다는 안도감

지배욕

자신을 인식시키는 수단, 승인 욕구

자신을 승인하지 않는 여성을 원망한다, 그에 따라 여성에게 복수하듯이 성적인 가해를 하고, 상처 입은 여성을 보며 환희와 흥분을 느낀다. 여기에도 비뚤어진 승인 욕구가 드러납니다. 이렇게 얻은 충족감은 얼마 안 가 사라져버릴 겁니다. 그들이 품고 있는 승인 욕구의 문제는 전혀 해결되지 않았으니까요. 그리고 다음 대상을 찾겠죠. 그들이 자신의 승인 욕구를 제대로 자각하지 않으면 악순환은 언제까지나 계속되고 행동 변화로 이어지지 않습니다. 니노미야씨는 인기에 대해 다음과 같이 썼습니다.

"'인기 없다'라는 사실에 고민하는 분들이 꽤 있겠습니다만, 그건 여자도 마찬가지예요. 그런데 여자는 여자들끼리 서로 비교하죠. '걔 남자친구 생겼대!' '어머, 말도 안 돼. 어떻게?'같이 여자들끼리도 잔인한 대화를 꽤 많이 합니다. 저는 그런 대화에 서툴고 굉장히 싫어합니다만. 그리고 여자는 외모만으로 남자를 판별하지 않습니다. 확실히 외모가 괜찮으면 눈에 금세 들어올지는 모르지만, 성격이 아주 나쁘다면 고개를 돌리겠죠. 잠시 인기 있는 듯 보일지는 모르지만,

얼굴만 괜찮다고들 하는 남자와는 아무도 관계를 맺지 않아요. 사람과 사람이 관계를 쌓는 건 얼굴이 잘생겼냐 못생겼냐 하는 문제만이 아닙니다. 눈에 띄지 않고 수수해도 어딘가 심지가 굳고 늘 노력하는 사람은 자연히 빛나 보이는 법이죠. 저는 여러분이 좀더 다른 사람과 관계를 깊게 맺어보았으면 합니다. 깊게 맺는다는 건 확실히 힘든 일입니다. 각자의 차이를 알고 받아들이지 않으면 관계성은 깊어지지 않으니까요. 차이를 알고, 서로 받아들인다. 그런 어려움을 넘어서기 시작해야 이해라는 게 생겨난다고 생각해요. 서로 이해했을 때의 기쁨을 여러분이 좀더 알게 되었으면 좋겠습니다."

2023년 4월 니노미야씨가 쓴 편지

확실히 '인기'에 대한 관심은 높습니다. 남성만이 인기의 정도를 두고 서로 경쟁하는 것도 아닙니다. 니노미야씨가 전해준 여성들끼리의 대화가 참가자인 남성들에게는 신선하게 들렸겠죠. 그럼에도 하렘 같은 상태를 망상하고 그게 이루어지지 않는다고 앙심을 품는 비중은, 남성과 비교해 여성이 훨씬 적을 겁니다.

그 배경에 '남성의 성욕은 여성에게 당연히 받아들여져야 한다'라는 사회 통념이 있다고 저는 생각합니다. 또한 이를 실현하는 것이야말로 '남자답다'라고 보는 문화도 있습니다. 옛날부터 '영웅호색', 영웅은 여색女色을 좋아한다고 했습니다. 여성에게 인기 있는 것=힘의 증거라는 사고방식은 여전히 뿌리 깊게 남아 있습니다.

니노미야씨는 그 점을 다시 보길 바란다고 말하는 게 아닐까요. 여성을 힘의 증거로서가 아니라, 인격을 지닌 존재로서 봐달라고. 상대방을 힘으로 지배하고 인격을 짓밟은 그들로서는 이 점을 잘 생각해보았으면 합니다.

앞선 편지의 그는 니노미야씨의 편지를 보고 다음과 같이 답장을 썼습니다.

"니노미야씨의 말씀대로, 자신의 '상처'나 싫었던 일을 방치하면 다시 약한 위치에 있는 사람에게 분풀이하게 되니까, 자신의 '상처'를 인식하고 스스로 돌보거나 적절하게 SOS를 칠 필요가 있다고 생각합니다. 다른 한편 제가 과거의 상처를 가해행위의 변명거리로 삼고 있었기 때문에 스스로 경계하려고 그 글을 썼습니다. '여자한테 인기 없어서 괴롭다'라는 '상처'는 '내 훌륭함을 이해하지 못하는 여성이 나쁘다'라는 원망으로 이어지고 '내가 괴로운 건 여자 때문이니까 무슨 짓을 해도 괜찮다'라는 성 가해로 가게 됩니다. '여자한테 인기가 없어 괴롭다'라는 '상처'를 누군가와 공유하고 돌보았을 때, 가해 위험성이 줄어들었습니다. '여자에게 인기가 없어 괴롭다'에서 여성은 아무런 잘못도 한 게 없고 나는 아무런 인권 침해도 당하지 않았으니, 인권 침해를 당한 피해자의 '상처'와는 전혀 별개라고 생각했습니다. 그런데 똑같은 '상처'라는 말을 사용하는 데에 저항감이 들어, 정신적 성장통이라고 표현했습니다."

2022년 4월 니노미야씨에게 온 편지

앞에서도 말했지만, 승인 욕구 자체가 나쁜 것은 아닙니다. 많든 적든 누구에게나 있는 욕구이고, '그 사람에게 인정받고 싶다'라는 마음이 자신을 발전시키는 동기가 되기도 합니다. 승인 욕구를 타자에게, 게다가 동의 없이 일방적으로 채우려 했다는 게 그들의 가장 큰 잘못이죠. 상대방의 인격을 완전히 무시하고 대상화해서 자신을 만족시키기 위한 도구로 취급한 결과가 성폭력 가해입니다.

두번 다시 가해를 되풀이하고 싶지 않아서 클리닉에 다니는 그들은 그곳에서 동료와 만납니다. 동료들과 교류하며, 승인 욕구를 채우는 방법을 익히고 싶어 합니다. 대화 프로그램은 그 작업을 위한 장입니다. 그곳에는 같은 문제 행동에 탐닉했던 사람들만 있으므로 자신의 약한 부분, 수치스럽다고 느끼는 부분을 겉으로 드러내기가 쉽습니다. 이를 동료들이 실제로 받아들여준다고 느낌으로써 건강한 승인 욕구를 되찾아갈 수 있습니다.

대화 프로그램에서는 분위기를 부드럽게 만들고자 시작 전에 서로 어깨를 주물러주는 시간을 둡니다. 아이스 브레이킹 시간이죠. 그때 '그럼, 시작해주세요'라는 말이 떨어지자마자, 말없이 상대방 어깨에 손을 뻗어 마사지를 해주려는 사람이 적지 않습니다. 저와 니노미야씨는 이 광경을 특이하다고 생각했습니다. 타인의 몸에 손을 댈 때는 뭐라고 말을 거는 게 보통입니다. '시작할게요' '잘 부탁합니다'와 같은 간단한 말을 서로 주고받으며 이제부터 몸에 손을 댈 거라는 걸 확인하면 마음이 편안할 텐데, 그런 식으로 주고받는 대화가 완전히 빠져 있습니다.

말없이 시작된 마사지는 제가 '네, 교대하세요'라고 하면, 갑자기 또 말없이 끝납니다. 아무리 프로그램 중의 활동이라고 해도 '감사합니다' 한마디 정도는 할 법하지 않나요. 그렇게 하면 서로 기분도 좋아질 텐데 그러지 않습니다. 마사지 시간은 시종일관 묵묵무언으로 흘러갑니다.

일련의 행동을 보면서 우리는 이들에게 '상대방의 몸과 마음은 그 사람의 것이다'라는 인식이 결여되어 있음을 깨달았습니다. 이는 상대방의 몸과 마음을 승인하지 않는 것과 같습니다. 지금까지의 인생에서 그런 식으로 서로 말을 걸었던 경험이 부족했을지도 모르죠. '감사합니다'라고 서로 말하는 경험도 마찬가지입니다. 일상적으로 그렇게 하는 관계를 가까운 사람들과 쌓아오지 않았던 게 아닐까요.

그런 상황에서 승인 욕구가 채워지기란 어렵습니다. 그렇다고 폭력을 사용해 일방적으로 밀어붙여서는 안 되죠. 건강하게 승인 욕구를 채우는 방법을 모르는 사람은 사회에 많을 겁니다. 지금까지는 문제 행동을 일으키지 않았다 해도, 그 일보 직전에 있는 남성이 의외로 많지 않을까 하는 우려도 듭니다.

덧붙이자면, 이러한 말 걸기는 성적 동의에 대해서도 여러 시사점을 줍니다. 성폭력이란 '동의 없는 모든 성적인 접촉'을 가리킵니다. 2023년 일본의 형법이 개정되면서 부동의성교등죄·부동의외설죄가 성립되었습니다. 어떤 행위가 성범죄인지 아닌지는 동의 유무로 판단하겠다고 법률이 바뀐 것입니다. 시간과 함께 사회 인식도 바뀌리라 생각합니다. 동의를 확인하는 건 접촉하려는 쪽의 책임입니다. 상대방에게 '좋다'라는 의사 표시를 분명히 확인하지 못했다면 만져서는 안 됩니다. 참가자들은 오랫동안 동의를 구한 적 없이 타인의 신체를 만지고 마음을 위협해왔습니다. 이것이야말로 성폭력의 본질입니다.

마사지 활동은 상대방에게 동의를 얻고, 존중하고, 결과적으로 자신도 존중받는, 그들이 이전까지 해오지 않았던 것을 체득하는 작은 한 걸음입니다.

4장

성폭력 가해자가 된 그대여, 쉽게 용서받으리라 생각지 마라

⁂

사죄라는 퍼포먼스

'내가 한 짓을 사과하고 싶다.' 가해자라고 불리는 사람들이 종종 하는 말입니다. 피해자에게 직접 편지 등을 써서 사과하고 싶다, 피해를 보상하겠다며 클리닉의 스태프와 상담하는 사람도 있습니다. 현실적으로 그런 기회는 거의 오지 않습니다만, 설령 기회가 있다 해도 거기에 어떤 내용이 기술될지, 저는 대체로 상상할 수 있습니다.

가해자가 사죄의 마음을 피력할 기회가 전혀 없지는 않습니다. 기소되어 형사재판이 열리면 그곳에서 '사죄 편지'를 읽는 일도 드물지 않고, 저도 몇 번이나 그런 장면을 보았습니다. 각각 다른 사건에서 전혀 별개의 피고인이 전혀 다른 피해자에게 쓴 편지인데도 대부분이 불가사의할 정도로 유사합니다. '되돌리기 어려운 짓을 했다' '반성하고 있다' '두번 다시 하지 않겠다' '죄송하다'…… 똑같은 말이 나열되니, 귀에 들어오더라도 그대로 흘러나가 마음에 전혀 와닿지 않습니다. 그 공허함에 오히려 불쾌감을 느끼는 피해자와 관계자들이 적지 않을 겁니다.

2024년 어느 성범죄 사건을 담당하던 변호인이 피고인에게 사과문을 쓸 능력이 없어 챗GPT를 이용해서 작성하게 했다는 보도가 있었습니다. 사과문은 글을 잘 썼나, 못 썼나가 아니라 사건을 진심으로 대하느냐, 그렇지 않느냐가 중요합니다. AI가 작성했음을 피해자가 알았다면, 그야말로 2차 피해가 됩니다.*

이런 사과라면 안 하느니만 못하죠. 피해자 측 변호인의 생각도 마찬가지여서 '형식적인 말만 늘어놓아서는 사과하는 시늉에 불과하다. 피해자에게 나쁜 영

* 「성범죄 가해자 측 변호사, 생성형 AI로 사과문… "특별히 문제없다"며 검찰과 피해자 측에 이용 여부 전달하지 않아」, 『요미우리신문讀売新聞』, 2024년 4월 5일.

향만 끼칠 것'이라고 말했습니다. 무엇보다 괴로울 때는, 판사가 피고인이 반성했다고 여겨 통상적인 형보다 가벼운 형량을 선고했을 때입니다. 물론 사과문의 좋고 나쁨으로 형량이 결정되지는 않습니다. 하지만 피해자의 심정을 생각하면 가만히 있기 어렵습니다.

프로그램 참가자가 '편지를 쓰고 싶다'는 것도 대체로 이와 같아서, 피해자가 아니라 자신을 위해 쓰고 싶어합니다. 사죄와 반성은 대화 프로그램에서도 때때로 제시되는 주제입니다. 가해자는 왜 그렇게도 사죄하고 싶어할까요. 피해자에게는 그것이 어떤 의미일까요.

그들이 해온 문제 행동을 의존증이라는 측면에서 보면 이해하기 쉽습니다. 의존증에 빠진 사람은 슬립했을 때 실제로 사과를 잘 합니다. 알코올이든 도박이든 소매치기든 행동 패턴은 똑같습니다.

그들은 두번 다시 하지 않겠다고 맹세해놓고서 다시 손을 댑니다. 원래 의존증은 슬립을 반복하면서 회복으로 나아갑니다. 임상적으로도 이를 회복의 한 과정으로 간주하지만, 아무래도 큰 어려움을 감당해야 하는 가까운 사람들은 '두번 다시 마시지 않겠다고 했으면서, 그건 거짓말이었냐!' '배신자!' 같은 분노의 말을 뱉어내죠. 슬립했던 본인이 분노를 잠재우려고 눈물을 흘리며 애써 반성하는 모습을 보이고, 무릎을 꿇고, 사죄의 변과 함께 '두번 다시 하지 않겠다'라는 말을 반복하면, 일단 그 장소에서는 가족들도 그 말을 믿습니다. 하지만 다시 슬립하는 날이 오고 똑같은 일이 반복됩니다. 가족들은 '그때 했던 반성과 사죄는 뭐였나' 하며 더욱 배신당한 느낌을 받습니다.

무엇 때문에 알맹이도 없는 반성과 사죄를 표하는 걸까요. 그 자리를 수습하기 위해서입니다. 본인에게도 '걱정을 끼쳤다' '나는 몹쓸 인간이다'라는 마음이 있겠지만, 그보다는 그 자리만 어떻게든 모면하고 싶은 마음이 큽니다. 상대방에게 '깊이 반성하고 있다'라는 인상을 주면, 자신에 대한 추궁이 끝나리라는 걸 그들은 압니다. 하지만 본인이 하는 반성의 태도와 재발률은 아무런 상관관계가 없다는 사실도 압니다. 의존증 치료 현장에 와서도 클리닉 스태프나 동료에게 자신이 슬립했음을 사과하는 사람은 많지만, 그렇다고 사과하는 태도에 대해 평가를 받지는 않습니다. 질책당하지도 않습니다. 무너져 울고불고하며 반성했던 사람이 시도 때도 없이 슬립하고, 또는 언뜻 반성의 기미도 안 보이고 치료에도 동기부여가 별로 안 된 듯 보이는데 오랫동안 슬립하지 않는 사람도 종종 있습니다.

본래 반성이란 그 장소에만 찍히는 '점'이 아니라, 하루하루 연속으로 이어지는 '선'과 같은 것입니다. 점이 하나씩 늘어선 끝에 결국 선이 되죠. 또한 누군가에게 보여주기 위해 하는 게 아니므로, 눈물을 흘린다거나 고개를 숙이며 무릎을 꿇는다거나 하는 퍼포먼스도 필요치 않습니다.

2022년에는 전직 자위대원 여성이 재직 중에 자신보다 계급이 높은 남성 자위대원 세 명에게 입은 성추행 피해를 고발했습니다. 가해자들은 피해 여성과 만나 사죄함과 동시에, 반성의 말을 쓴 편지를 건넸습니다. 하지만 그 뒤에 열린 재판에서 그들은 돌변해 기소 내용을 부인했습니다. 자신들은 강제외설죄에 해당하는 행위를 하지 않았다며 주장을 바꾼 것입니다.

그렇다면 그때의 사죄는 무엇이었을까요. 보도에 따르면 그들은 공판에서 "방위성으로부터 '납작 엎드려 사과하라'는 지시를 받아, 자신들의 의사에 반해 사죄했다"라고 진술했다 합니다. 즉 조직의 지시에 따른 퍼포먼스였다는 말입니다. 막상 재판으로 가서는 처벌을 받고 싶지 않으니 아예 부정한 것입니다. 피해자의 마음은 어땠을까요. 2023년 12월, 세 명 모두 집행유예를 붙인 유죄 판결을 선고받았습니다.

대화 프로그램에서는 참가자에게 형식뿐인 반성이나 사죄를 요구하지 않습니다. 그럼에도 그들은 툭하면 반성과 사죄를 입에 달고 글로도 씁니다. 그들이 그렇게 하고 싶어서 하는 것일 뿐, 그 속에 피해자는 없습니다. 그들은 '가해자가 하는 사죄'에 대해 피해자가 어떻게 생각하는지를 모릅니다. 알 기회가 확실히 없기는 합니다. 상상력을 동원할 수 있었을 텐데 그러지 않고선 자신의 '사죄하고 싶은 마음'부터 우선합니다. 니노미야씨가 기회가 있을 때마다 피해자로서 진심을 그들에게 전했던 것도 '피해자를 첫 번째로 생각해달라'는 마음이 있었기 때문입니다. 그렇다면 니노미야씨에게 사죄란 무엇일까요? 앞서도 기술했지만, 니노미야씨는 사건이 일어난 지 10년째가 되었을 때 자신의 가해자와 직접 만나 사죄받은 경험이 있습니다. 그

때를 되돌아보며 어느 참가자에게 보내는 편지에 이렇게 썼습니다.

"이 사람은 내게 저지른 가해행위, 그 행위만을 콕 집어 사죄하는구나, 하는 느낌을 받았습니다. 피해 이후에 인생 자체가 통째로 뒤집어진 저로서는 납득이 가지 않았어요.
가해행위는 말하자면 한순간이죠. 한순간의 사건입니다. 하지만 피해자는 그 뒤의 인생을, 예컨대 50년이 남아 있다고 하면요. 그 50년 동안 완전히 뒤집어진 채 엉망진창으로 살아가게 됩니다. 그게 얼마나 괴로운 일인지, 말도 안 되게 잔혹한 것인지, 분명 지금의 H씨라면 상상할 수 있겠죠?"

2019년 4월 니노미야씨가 쓴 편지

예전에 상사였던 그 남성은 니노미야씨 앞에서 자신이 저지른 구체적인 가해행위에 대해 사죄했겠죠. 그러나 거기에 니노미야씨가 원하는 것은 담겨 있지 않았습니다. 성폭력 피해의 영향이 얼마나 오래 지속되고 이후의 인생을 좀먹는지에는 전혀 생각이 미치지 않았기 때문입니다.

남성이 그 자리에서 무슨 생각을 했을지 상상해봅시다. 가해자에게도 피해자와의 대면은 스트레스입니다. '비난받지 않을까' '피해자가 뭐라고 말하든 불만을 터뜨리면 안 되겠지'라는 마음만 가득했겠죠. '죽음으로도 못 씻을 죄'라는 말도 가해자가 제일 잘 하는 말입니다. 뭐라 할 수 없을 정도로 마음이 불편하다. 빨리 이 자리를 벗어나고 싶다. 그러려면 내가 한 짓을 모조리 사과해버리는 게 가장 빠른 길이겠지……. 피해자인 니노미야씨가 지금 무슨 생각을 하는지, 자신에게 무엇을 원하는지 손톱만큼도 고려하지 않은, 어디까지나 자신만을 위한 사죄였으리라 추측할 수 있습니다. 니노미야씨가 '납득이 가지 않았다'라고 느꼈던 것은 지극히 당연합니다. 피해 당사자도 각각 생각이 다릅니다. 하지만 가해자 자신 위주의 사죄를 환영할 피해자는 한 사람도 없다고 단언할 수 있습니다.

또 다른 때에 니노미야씨는 이렇게 썼습니다.

"반성과 사죄라는 말이 불러오는 이미지에는 '끝'이 있습니다. 반성했다, 사죄했다, 받아줬다, 드디어 끝났다……. 하지만 피해자의 시선에서 보자면, '끝이란 없다'는 게 아마도 솔직한 심정일 겁니다. 이는 성범죄만의 이야기가 아니어서, 피해자를 낳은 범죄행위에 대해 갈등하는 데에 끝이란 없다고 저 역시 생각합니다(계속 갈등하는 것은 가해자만이 아니고, 피해자도 그렇습니다). 즉 반성이나 사죄가 아니라 '속죄'라는 말이 더 어울리지 않을까 싶어요. 저는 그런 깨달음을 얻었습니다.

물론 피해자 중에는 가해자도 행복해지기를 바라는 사람도 있습니다. 예컨대 저 자신도 가해자들이 자신의 행복을 바라는 걸 비난하거나 부정할 마음은 없습니다. 오히려 그런 건 살아가는 데 필요하다고 생각해요. 동시에, 그렇기에 계속 갈등할 책임이 있지 않나 생각합니다. 책임, 그게 가해자가 된 사람의 몫이죠.

책임을 평생 짊어지는 것이야말로 가해자가 할 수 있는 유일한 일인지도 모릅니다. 그것이 비로소 진정한 사죄, 반성, 그리고 속죄임을, 저는 요즈음 깨달았습니다."

2019년 9월 니노미야씨가 쓴 편지

반성이나 사죄가 아닌 '속죄'라는 부분에 주목합시다. 죄를 씻어내다. 사전의 해설에는 '지은 죄나 과실을 금품이나 다른 선행 따위로 비겨 없앰'이라고 적혀 있습니다. 사죄와는 무게가 다른 울림이 있습니다. 당연히 니노미야씨는 '금품이나 다른 선행'을 원하지 않습니다. 죄를 씻어내기 위해 가해자가 할 수 있는 것은 '계속 갈등하는 것' '책임을 평생 짊어지는 것'이 아니겠느냐는 뜻이 전해집니다. 가해자가 저지른 짓은 그런 정도의 행동이었다는 언외의 메시지가 담겨 있다고 저는 느낍니다.

용서받을 것을 전제로 하는 오만함

반성이나 사죄의 퍼포먼스는 그 자리를 수습하기 위한 것이기에, 통과되면 '끝'입니다. 그 뒤 눈 깜짝할 사이에 자신이 가해자임을 잊어버릴 가능성도 있습니다. '피해자에게 끝이란 없다'라는 점에는 생각조차 미치지 않습니다. 가해자의 사죄가 피해자를 더욱 상처입히는 이유 중 하나가 여기에 있습니다. 피해자와 가해자 사이에는 자신들이 당사자가 된 사건에 대한 해상도에서 크나큰 격차가 존재합니다. '가해자에게는 시효가 있지만, 피해자에게는 시효가 없음'을 아는 것은 속죄를 향해 내딛는 첫 번째 발걸음입니다.

피해자를 더욱 상처 입히는 또 한 가지는, 가해자에게 사죄란 기본적으로 '용서받을 것'을 전제로 한다는 점입니다. 입으로는 피해자에게 돌이킬 수 없는 짓을 저질렀다, 결코 용서받지 못할 일이라고 말하면서도 마음 한구석으로는 용서받기를 기대합니다. 이를 실현하려는 수단이 사죄입니다. 피해자를 생각하지 않는 자기 위주의 발상이죠.

더 큰 문제는 자신이 용서받지 못함을 알았을 때 생깁니다. 여태까지 얌전한 태도가 돌변해 "내가 이렇게 사과하잖아!" "왜 용서해주지 않는 거야!" 하고 난폭하게 화내거나, 용서받지 못하는 자신이 피해자라고 느끼기 시작합니다. 어쩌면 이렇게도 제멋대로일까요. 어떤 참가자는 이렇게 썼습니다.

"솔직히 저도 용서받고 싶다는 마음이 있습니다. 후회하고 있으니까, 자신을 지키기 위해 마음의 평화=용서를 원하게 됩니다. 그리고 '피해자가 그 정도로 상처받진 않은 게 아닐까(그러기를 바란다)'=용서받을 정도의 상처였기를 바란다는 안일한 생각도 제 안에는 있습니다. 물론 용서받지 못할 테고, 설령 용서받는다고 해도 그걸로 끝이 아님을 알지만, 거짓말을 하고 싶지는 않아서 속마음을 적습니다."

2022년 11월 니노미야씨에게 온 편지

피해자가 자신을 용서해주었는지 그렇지 않은지로 가해행위의 무게를 잰다. 그리 무겁지 않음을 알게 되어 마음의 평화를 얻고 싶다…… 무척이나 솔직하게 쓴 편지입니다. 이 참가자는 적어도 사죄가 '자신을 위해서'임을 자각하고 있습니다.

이런 생각이 성폭력 가해자들만의 특성인가 하면 그렇지도 않습니다. 예컨대 학교에서 D가 나쁜 장난을 치다가 E의 소중한 물건을 망가뜨렸다고 합시다. E로서는 도저히 용서할 수 없지만, D가 울면서 열심히 사과하면 친구들과 선생님은 E에게 "이렇게 사과하는데, 용서해주면 안 될까?" "D가 불쌍하잖아"라고 말하죠. 실제로 종종 접하는 장면입니다. D의 사과가 주변 사람들에게 좋게 평가될수록 용서하지 않는 E는 속 좁은 사람으로 여겨집니다. 소중한 물건이 망가져 상처받은 E의 마음이 외면당해서는 안 됩니다. 하지만 반성·사죄와 용서를 교환할 수 있다고 반복적으로 학습해온 제삼자의 눈에는 용서하지 않는 E가 심술궂은 가해자처럼 보이기 시작하죠.

사죄와 용서가 한 묶음이 됨으로써 인간관계가 원활하게 이어지는 경우도 있습니다. 그러나 세상에는 용서할 수 있는 일과 없는 일이 있고, 성폭력은 틀림없이 후자에 해당합니다. 어떤 폭력이 어느 쪽에 해당하는지는 가해한 쪽이 결정하는 게 아닙니다. 가해자에게 요구되는 것은, 용서받고 싶다는 마음을 고쳐먹고 자신이 한 가해행위와 대면하려는 태도입니다. 구체적으로는 니노미야씨가 쓴 대로 '계속 갈등하는 것' '책임을 평생 짊어지는 것'이겠죠.

니노미야씨는 '사죄와 용서'에 대해 이렇게 썼습니다.

"때때로 피해자에게 용서받으려면 어떻게 하면 좋을까요, 하고 물어오는 가해자분들이 있습니다.

미안하지만, 분명히 얘기하겠습니다. 착각도 이만저만이 아니라고요.

피해자에게 용서받으면 그걸로 끝인가요? 그렇지 않죠.

가해자들은 대부분 자신이 범한 문제 행동, 그 순간만을 상정하고는 그에 대해 사죄하려고 합니다. 적어도 제가 피해 이후의 삶을 여러분에게 전하기까지, 그런 분이 너무, 너무나 많았다고 기억합니다. 그리고 용서받고 싶어하죠.

하지만.

몇 번이나 이야기하지만, 피해자에게는 가해자가 범한 가해행위만이 문제가 아닙니다. 그 뒤를 계속 살아감으로써 삶이 더없이 괴로워진 것, 그게 정말로 힘들죠.

이렇듯 피해자와 가해자 사이에 놓인 감각의 차이. 이런 차이를 제대로 인식하지 못하는 분이 너무나 많습니다.

애초에 피해자에게 용서받으면 자신의 죄가 없어진다는 생각 자체가 잘못되지 않았나요? 평생 짊어져도 부족할 정도의 일을 자신이 저질렀는데, 그게 죄라는 의식이 정말로 있긴 한가요?

피해자가 용서할지, 용서하지 않을지는 차치하고서라도, 자신이 이제부터 어떻게 살아야 할까, 그런 질문을 자신에게 던져보지도 않고서는 아무것도 시작되지 않습니다. 거기에 이르지 못한 사람이 얼마나 많을까요.

자신이 왜 이런 죄를 저질렀는지, 죄를 저지르지 않고는 살 수 없었는지에서 시작해, 이제부터 어떻게 다시 태어나 살아갈지, 그런 지점까지 항상 자문자답해야 합니다. 그것이 죄를 대면하는 태도 아닐까요?

누군가가 용서해주면 죄에서 해방된다고 생각하는 시점에서 이미 잘못되었다고 저는 생각합니다.

애초에 용서한다는 말 자체가 틀렸습니다.

죄를 사赦하느냐, 사하지 않느냐겠죠.

피해 당사자만이 이를 선택할 수 있습니다. 다른 누구도 그 선택을 침범해서는 안 됩니다.

그리고 피해자에게 사해지든 그렇지 않든, 가해자는 자신의 죄를 마주하면서 살아가야만 합니다. 저는 그렇게 생각합니다.

그래서 굳이 이야기하겠습니다.

성범죄 가해자가 된 그대여, 피해자에게 쉽게 용서받으리라 생각하지 마세요.

이제부터 어떻게 다시 태어날지, 애초에 내가 왜 이런 죄를 저질렀는지, 그 일로 얼마나 많은 사람과 시간을 끌어들였는지, 누군가의 인생을 칼로 베어 넘기듯 쓰러뜨렸는지 등 다른 사람에게 묻지 말고 스스로 생각해보세요. 누군가에게 물어보고 대답을 얻는 걸로 안심해서는 안 됩니다. 항상 자문자답하는 것, 그것만이 어떻게 살아갈지와 연결되니까요. 그 모습을, 살아가는 모습을 피해자는 가만히 지켜볼 겁니다.

교정이 아니라, 갱생입니다.

죄를 저지른 다음에 있는 것은 교정이 아니다, 갱생이다. 저는 언제나 그렇게 생각합니다. 그렇기에 지금 여기서부터 무엇이 가능한지, 어떻게 살지, 실제로 어떻게 살아가고 있는지, 항상 질문받아야 한다고 생각해요. 살아가는 모습으로 보여야죠. 죄가 사해지기를 진심으로 바란다면.

죄가 사해지든 그렇지 않든, 자신은 이렇게 다시 태어나겠다, 이렇게 살아가겠다고, 진심을 보여주세요.

이렇게 말하고 싶을 만큼 피해자는 매일, 매 순간 줄

타기를 하며 살아갑니다."

2021년 11월 니노미야씨가 쓴 편지

엄격한 말들이 나열된 이 편지를 대화 프로그램에서 함께 읽을 때, 눈을 감아버리고 싶은 참가자도 있었을 겁니다. 하지만 피해자가 생생한 목소리를 가해자에게 전달하는 데에 얼마나 큰 용기가 필요한지, 단어 하나하나를 엮어나가는 데에 얼마나 오랜 시간을 들였을지 상상하면, 도망친다는 선택지는 제일 먼저 삭제해야 합니다.

'용서하다'가 아니라 '죄를 사하다'. 같은 말처럼 보이지만, 대화 프로그램에서는 명확히 나누어 사용합니다. 간단히 설명하자면 '용서하다'는 이제부터 이뤄질 행위에 대한 것이지만, '사하다'는 이미 완료된 행위의 실패를 특별히 문제 삼지 않음을 의미합니다. 시간이 향하는 곳이 다릅니다. 의미가 비슷해 보여도 본질적으로는 다릅니다.

예를 들어보겠습니다. 교통사고로 초등학교 2학년생 아들 순隼을 잃은 가타야마 다다아리片山徒有씨는 현재 일본 내의 소년원 등을 방문해 피해자 가족으로서 자신의 체험을 이야기하는 활동에 열정을 쏟고 있습니다. 10여 년 전, 저도 가타야마씨의 강연을 들을 기회가 있었습니다. 그때 강연 참가자가 이런 질문을 했습니다.

"지금도 소중한 아드님을 교통사고로 죽인 가해자를 원망하십니까?"

가타야마씨는 잠시 침묵한 뒤, 이렇게 말했습니다.

"사건 이후로 몇 년 동안은 가해자를 정말로 증오했습니다. 잠들지 못하는 나날 속에서 내 손으로 죽여 버리고 싶다고 생각한 적도 있습니다. 다만 지금과 같은 활동을 시작해 소년원 등에서 가해 소년들과 대화하는 동안, 제 사고방식이 서서히 달라졌습니다. 어쩌면 제 아들을 교통사고로 죽게 한 가해자도 교도소에 감으로써 소중한 것을 많이 잃었을 거라고요. 얼마 뒤면 가해자도 출소해서 사회에서 살아가게 될 테고, 다시 누군가와 연결되고, 저버려서는 안 될 소중한 이도 생기겠죠. 그때 비로소 가해자는 교통사고로 제게서 빼어간 것이 얼마나 다시없을 소중한 존재였는지를 알게 될 겁니다. 그래서 저는 원망을 그만두고 그를 사하기로 했습니다."

지금도 제 가슴에 선명하게 남아 있습니다. 가타야마씨의 심리 상태는 '사하다'였습니다. '사하다'의 의미, 그리고 그것이 그리 간단히 이를 수 있는 경지가 아님을 그의 말에서 충분히 느낄 수 있습니다.

용서한다, 용서하지 않는다

니노미야씨는 때때로 생존자 동료나 성폭력 피해 체험이 있는 친구들에게 연락해, 대화 프로그램에 직접, 혹은 간접적으로 참가해달라고 부탁했습니다. 그런 기회를 통해 피해자는 한 사람 한 사람이 다 다르고, 각자 유일한 인격을 지닌 인간으로 살아가고 있다는 점을 참가자들에게 전하고 싶어했습니다. 피해 입은 시기도 상황도 모두 완전히 다릅니다. 동시에 놀라울 정도로 비슷한 점도 있습니다. 그 뒤에 겪는 힘겨움입니다. 피해를 입기 전에 걸어온 인생, 앞으로 이렇게 걸어가야겠다고 생각했던 길이 갑작스럽게 끊어지고 강제로 다른 길을 걸어야 합니다. 게다가 본인이 전혀 원치 않는 길입니다.

사죄와 속죄, 용서에 대해, 니노미야씨는 친구 세 명에게 물어보고 그 내용을 편지로 써서 참가자들에게 전해주었습니다.

"친구에게 성범죄 가해자에 대해 어떻게 생각하는지 물어보았습니다. 그녀는 이렇게 말했습니다. '가해자가 피해자에게 죄를 용서받고 싶어하는 마음은 알겠지만, 용서만 받으면 끝이라고 생각하겠지. 하지만 속죄는 그런 게 아니잖아. 죄송하다느니, 그런 수준이 아니지. 당신들은 스스로 자신에게 십자가를 지운 거라고 말하고 싶어. 속죄의식을 품어야 한다고 생각해' 라고 말했습니다."

"용서한다, 용서하지 않는다는 것에 대해서, 용서할지를 결정하는 건 피해자 측이라고 생각하지 마.

예컨대 술을 지나치게 마셔서 기억이 없다든지, 이혼해서 외로웠다든지, 어머니에게 학대당해서 여자를 증오한다든지, 적어도 원인과 요인을 이해할 수 있다면 나중에나마 용서한 기분이 들지도 모르지. 이건 가해자와 나누는 대화하고도 관련 있다고 생각해. 나도

'왜 범인이 내게 이런 범죄를 저질렀는지' 그 원인을 몰랐다면, 사건과 함께 과거에 매여서 앞으로 나아가지 못했을 거야. 나는 범인이 굳이 자신의 범행을 소설로 써서 내게 보냈기 때문에 그걸 읽고 사건을 어느 정도 과거의 일로 할 수 있었지(웃음).

사죄, 반성, 속죄에 관해서라면, 사죄는 법정에서 정한 위자료를 피해자에게 성실히 지불하는 걸까. 앞에서 무릎을 꿇고 빈들, 오랫동안 형을 산다고 한들, 피해자의 몸과 마음에 생긴 상처는 원래로 돌아가지 않으니까, 현재로서는 금전으로 사죄할 수밖에 없다고 봐. 반성이란, 가해자 자신이 두번 다시 범행하지 않는 거 아닐까. 약을 먹거나 상담을 받으면서 다시는 똑같은 일을 저지르지 않겠다는 각오를 스스로 다지는 거지."

"질문을 듣고 솔직히, 용서한다 또는 용서하지 않는다는 감각 자체가 지금 내게는 없구나, 하는 느낌부터 들었어요.

이 감정을 올바르게 전할 표현을 찾기가 무척 어려운데, 예를 들면 '당신은 가해자를 용서하고 싶습니까?' 라고 누가 물어본다면, '지금에 와서 굳이 가해자를 용서하겠다고 스스로 결단할 감정도 없고, 그 선택을 하지 않는다고 살아가지 못할 이유도 없다'라고 대답할 수 있겠네요.

반대로 '당신은 가해자를 평생 용서하지 않을 건가요?'라고 묻는다면, '용서하지 않겠다는 증오의 감정조차 지금은 없어요'라고 대답할 거예요.

내 인생에서 확실히 강간 사건부터 과거의 어떤 시점까지는 가해자에 대한 감정과 그 사람이라는 존재가 저를 깊이 파고들어서 트라우마로 괴로웠던 시기도 있었죠. 예전에는 가해자에 대한 공포와 분노, 어쩌면 용서하자는 마음도 있었고요.

만약 그럴 때, 가해자가 체포되어서 내게 울면서라도 잘못했다, 후회한다, 돌이킬 수 없는 짓을 했다며 진정으로 사죄했다면, 내 안에 어떤 종류의 혼란이 있다고 해도, 천천히 앞으로 한 발짝 걸어가기 위한 과정으로 받아들였을지도 모르죠.

하지만 가해자가 체포되지 않은 채로 시효가 끝났습니다. 가해자가 잡혔나, 잡히지 않았나에 초점을 두고 살았다면, 아마도 가해자의 존재에 얽매여서 분명히 자신을 이렇게 되돌리지도 못했을 거예요.

현재 제 하루하루의 생활, 혹은 앞으로의 인생에서 가해자의 존재를 인식하는 상황은, 강연에서 말할 때 이외에는 현실적으로 전혀 없습니다.
저 자신도 이상하게 생각하는데, 인생을 파괴한 가해자에 대한 주관적 감정이 지금 제 안에서는 보이지 않아요. 그리고 제가 가해자들에게 질문할 기회가 있다면, 가해자 자신이 구하는 용서란 누구에게, 누구를 위해 필요한 '용서'인지 묻고 싶네요. 피해자를 위해? 아니면 자신이 편해지기 위해?
만약 가해자에 대한 증오로 인생이 속박당해 앞으로 나아가지 못하는 피해자라면, '용서'는 그걸 통해 피해자 자신이 증오에서, 가해자의 존재에서 해방되기 위해 필요할지도 모릅니다.
가해자가 자신이 저지른 죄의 무거움을 느끼고 거기서부터 인생을 다시 시작하기 위해 피해자에게 '용서'를 구하는 거라면, 그건 가해자에게나 필요할 뿐, 피해자에게 묻는 것 자체에는 아무런 의미도 없을지 모르죠."

2019년 9월 니노미야씨가 전한 편지

피해 당사자 세 사람의 전언을 소개했습니다. 피해자들은 이리도 심각하게 용서하는 것, 용서하지 않는 것에 대해 고민하고 있었구나, 하는 생각이 듭니다. 여기서 소개한 것은 사회에 수없이 많은 피해자 중 불과 몇 사람의 생각이고, 가해자가 뭘 하든 절대로 용서하지 않겠다는 피해자도 물론 있습니다.

다른 한편 가해자를 용서해야 하지 않을까, 하고 생각하는 피해자도 있습니다. '상대방이 이렇게 사과하는데, 용서하는 게 좋을까' '사건으로부터 오랜 시간이 지났는데도 용서하지 않는 내가 마음이 좁은 걸까' 하는 강박관념에 시달리기도 할 겁니다. 앞서 들었던 D와 E의 이야기처럼, 주변 사람들에게 '이제 용서해주면 어때?'라는 말을 듣기도 하겠죠. 또한 '가해자를 용서하면 내가 편해질지도 모른다'라는 이야기도 여성 피해자에게 들은 적이 있습니다. 용서하지 못하기 때문에 괴로운 게 아닐까, 잊지 못하는 게 아닐까…… 하는 절실함을 느낍니다.

용서하느냐, 용서하지 않느냐를 결정할 권한은 피해를 입은 그 사람에게만 있습니다. 주변에서 무슨 말을 듣더라도, 어떤 정보가 귀에 들어와도, 자기 마음을 솔직하게 따라 결정하면 됩니다. 다른 한편 사회에는 '피해자가 받아들이고 용서해줄 때 비로소 사건이 수습에 들어간다'라는 이미지가 존재하고, 이를 많은 사람이 공유하고 있다고 봅니다. 그런 이미지가 암암리에 피해자를 '용서해야 하는 거 아닐까'라는 생각 속으로 몰아넣는 거겠죠.

저는 7년 전 대화 프로그램을 시작할 때 니노미야 씨와 상의해, 사회에 있는 이러한 이미지를 모두 배제하고 대화를 해나가기로 합의했습니다. 사죄, 속죄, 용서…… 가해자에게는 커다란 갈등이 있습니다. 하지만 피해자는 그것을 훨씬 더 능가하는 갈등을 품고 있죠. 이를 알지도 못하면서 '용서받고 싶다'라고 기대하며 사과하는 것에 어떤 의미가 있는지, 그들은 숙고해야 합니다.

가해자에게는 회복을 위해 노력할 책임이 있다

반복되는 강박적 성 행동에는 성적 기벽의 측면이

있다고 지금까지 이야기했습니다. '의존증=병'으로 간주하는, 이른바 '병리화'의 시각인데, 이렇게 성 가해를 질병 모델로 이해하는 관점에 대해서는 항상 반대하는 목소리가 있습니다. 일반적으로는 '병 때문이다=내 잘못이 아니다'가 되기 때문이겠죠. 가해한 사람 중에는 정말로 그렇게 생각하는 사람도 있습니다. 이 역시 인지 왜곡의 한 종류입니다. '병이라서 멈출 수가 없다'는 말은 가해의 변명밖에 안 됩니다.

가해자 임상 현장에서는 이해 방법을 달리합니다. 질병 모델로 다시 바라보는 의의는 회피하기 위해서도 면책되기 위해서도 아닙니다. 현장에서도 과도한 병리화는 본인의 행위에 대한 책임을 은폐하므로 경계하라는 원칙을 두고 있습니다. 그렇다면 어떻게 이해해야 할까요. 기벽 행동이라고 하면, 그걸 손에서 놓을 수 있고, 거기서 다시 일어설 수 있고, 회복할 수 있다는 말이 됩니다.

그렇다고 해서 의존증이 완치되는 병인 것은 아닙니다. 알코올이든 절도든, 평생 다시는 마시지 않는다, 훔치지 않는다는 보장은 어디에도 없습니다. 하지만 회복은 가능합니다. 지금까지는 취약한 상태였기에 그게 없으면 살 수 없다고까지 생각했겠지만, 의존하지 않고도 살아갈 수 있게 됩니다.

의존증에서 회복하지 못하면 어떻게 될까요? 대답은 죽음입니다. 알코올이나 약물 등 심신에 작용하는 물질이라면 육체적인 죽음이 기다리곤 합니다. 도박이나 쇼핑 등 그 외의 의존증에서도 사회적인 죽음, 경제적인 죽음, 인간관계의 죽음이 기다립니다. 의존증이란 '죽음과 이웃하는 고독한 병'입니다. 취약함에서 벗어나는 것만으로 회복되는 게 아닙니다. 죽음과 이웃하는 고독에서 빠져나와 주변과의 연결성을 재구축하고 건강한 사회생활을 영위하는 것이 '회복'입니다. 이는 질병 모델만으로는 파악할 수 없는, '살아가는 방식'의 회복입니다.

타자를 향한 반복적 성 가해라는 강박 행동에 취약한 사람들에게 회복이라는 개념은 중요합니다. 그들이라고 태어났을 때부터 가해자는 아닙니다. 의존증에는 어떤 특정한 상황이나 조건에서 행동을 통제하기 어려워지는 행동제어장애의 측면이 함께 있습니다. 특정 행동의 스위치가 켜지면 저항하려 해도 제어가 안 되고, 행위 도중에 중단하기가 어려워 끝까지 가버립니다. 체포되었을 때의 일을 돌아보며 '안도했다' '드디어 멈출 수 있겠다고 생각했다'라고 말하는 사람이 적지 않습니다. 혼자서는 어찌해도 안 되었던 거죠. 의존증이라는 병에 빠졌음을 스스로 깨닫고 전문기관의 도움을 받으면 조기에 가해행위를 멈출 가능성도 충분히 있지만, 현실에서는 이것이 무척 어렵습니다.

사람이 의존증에 빠지는 데는 다양한 이유가 있습니다. 신체적 질병이든 정신적 질병이든, '○○을 했더니 이 병에 걸렸다'라는 식으로 단순한 인과관계가 성립되는 일은 많지 않습니다. 의존증도 마찬가지여서, 살아가기가 괴로울수록 그 고통을 달래줄 만한 물질이나 행위에 취약해집니다. 자기치료가설에 대해서는 앞서 설명했습니다만, 직접적인 피해자를 낳는 기벽행동이므로 '그렇게 괴로우면 어쩔 수 없지'라고 치부해버려서는 안 됩니다.

하지만 한편으로 아무리 괴로운 일이 있어도 어린 시절부터 이야기를 들어주는 친구나 가족이 있었다면, 적절한 스트레스 코핑을 알았다면, 사회에 여성혐오나 남존여비의 가치관이 존재하지 않았다면, 또는 유소년기부터 포괄적 성교육을 받았더라면, 그들은 어쩌면 가해자가 되지 않았을지도 모릅니다. 가해자 임상 현장에서 저는 이러한 관점을 잊지 않으려고 합니다. 모든 걸 '의존증에 빠진 개인의 문제'로 축소해버리고 그 배경을 해부하려들지 않으면, 앞으로도 가해행위를 반복하는 남성들이 재생산될 뿐이니까요.

가해자가 된 그들에게는 성폭력이 필요한 삶의 방식에서 벗어날 책임이 있습니다. 가해행위와 대면하고 그것을 넘어설 책임입니다.

바꿔 말하면 가해행위를 반복해온 자신의 인격, 즉 타자의 입장에 서서 상상력을 발휘해보지 않고, 낮은 자존감과 높은 자존심으로 자신을 크게만 보여주려 하고, 도움 요청에는 서투르면서 '다른 사람이 받아들여주면 좋겠다'라는 강렬한 승인 욕구를 품고 있는 인격을 용감하게 바꾸어나갈 책임입니다.

가해행위는 '없었던 일'이 되지 않습니다. 잊어도 되는 일도 아닙니다. 가해행위를 한 자신에서 갑자기 다른 사람이 될 수는 없으니까요. 그럼에도 과거와 다른 삶의 방식은 가능하고, 달라지지 않으면 안 됩니다. '오늘을 기점으로 이제까지의 당신과는 다른 삶의 방식을 취해달라'라는 말을 들으면 누구나 당혹스럽겠죠. 그리 간단히 변할 수 있겠냐며 반발심이 드는 사람도 있을 겁니다. 가해행위를 해온 세월이 길면 길수록, 그런 특성은 그들 안에 무겁게 자리 잡고 있으므로 쉽게 바뀌지 않습니다.

대화 프로그램 참가자들은 기본적으로 행동의 변화를 갈망하지만, 그럼에도 실현하기는 어려움을 매일 통감합니다. 행동 변화의 목표 지점이 너무나 멀리 있어, 잘 보이지 않는다고 느껴질 것입니다. 반면에 '자신이 가해한 이유는 성 의존증이라는 병 때문이니 어쩔 수 없다'라는 잘못된 가치관은 아주 가까이에 있습니다. 이에 대해 대화 프로그램에서 함께 생각해보았습니다. 참가자의 기술을 일부 소개합니다.

"'병이니까 어쩔 수 없다'라는 말은 절대로 써서는 안 된다고 처음부터 마음으로 맹세했습니다. 물론 어떤 부분에서는 병을 제대로 받아들이는 것도 중요하지만, 회피밖에 안 된다 싶어서 쓰지 않습니다. 그 대신 '나는 성 의존증이니까, 지금까지의 모습과 똑같아서는 안 된다. 바뀌어야 한다'라고 생각하며 매일 하루를 보냅니다. 스스로 바뀌지 않으면 성 의존에서도 나아지지 않을 거라 생각합니다."

"죄를 짓고 피해자를 낸 게 나 자신의 선택이었다는 사실을 확인함으로써, 그 일과 똑바로 대면한다. 1년 전에는 오로지 '가해자니까 어쩔 수 없다' '병이니까 어쩔 수 없다'라는 생각만 품고 있었다. 모임에서 지적해준 사람들 덕분에 이런 사고방식이 회피로 이어진다는 걸 깨달았다. 지금도 책임지는 것과 십자가를 짊어진 것이 구별되지 않을 때가 있다."

"'병이니까 어쩔 수 없다'고는 해도, '가해자니까 어쩔 수 없다'라는 건 용서가 안 된다. 병이니까 '어쩔 수 없다'기보다는 '긴장을 늦춰서는 안 된다'라고 생각한다. 피해자가 두번 다시 생기지 않도록 자기 내면의 병리와 계속 마주하는 것은 가해자의 의무다."

"그런 사고방식과 애써 대면하고 있습니다. 제 안에서 '병이니까 재범해도 어쩔 수 없다'고는 절대 생각하지 않으려 합니다. '병과 관계를 잘 맺어서 제어하려 애쓰고, 재범하지 않도록 계속 노력해나갈 책임'이 제게 있으니까요. 오늘 하루 그 책임을 달성했다(재범하지 않았다)면, 오늘은 오케이. 또 내일 하루도 책임을 다하자는 마음으로 살고 있습니다."

"문제 행동을 일으켰던 당시에는 '이건 병이니까 나도 어쩔 수 없다'라고 생각한 적이 있습니다. 이게 확실히 병이기는 하지만, 지금은 '성에 대한 나의 인지 왜곡이 그 병을 증폭시킨다'라는 자각이 있습니다. 그래서 자신의 인지 왜곡을 바로잡아나가는 일이 치료의 큰 부분 중 하나라고 생각합니다."

2022년 9월 니노미야씨에게 온 편지

편지 내용 속에는 '어쩔 수 없다고 생각하지 않는다'나 '그런 생각 자체가 잘못됐다'라는 문구도 있습니다. '어쩔 수 없다'라는 생각이 떠오르는 것 자체가 문제는 아닙니다. 왜 자신이 그렇게 생각하게 되었는지, 그 생각이 떠올랐을 때 자신은 어떻게 하면 좋을지를 고민하기 위한 질문이니까요. 그때는 '어쩔 수 없다'라고 생각하는 가해자를 피해자가 어떻게 볼까 하는 관점을 잊어서는 안 됩니다.

편지라는 대화가 아니면 할 수 없는 것

회복의 길은 길고, 평탄하지 않습니다. 계속 걷는다고 해서 반드시 잘 되리라는 보증도 없습니다. 맞붙어 싸우는 거의 모든 이가 도중에 마음이 흔들리고, 때로는 질려서 멈춰 섭니다. 혼자서 맞붙다가 정체되면 곧바로 치료를 중단하고, 그러면 틀림없이 재범의 위험성이 높아지죠. 클리닉에 다니던 사람이 치료에서 빠지고 얼마 뒤 경찰서에서 '수사 관계 사항 조회서'가 도착해, 그가 재범했음을 알게 되는 사례는 허다합니다.

하지만 프로그램에는 같은 문제를 안고 있는 동료들이 있습니다. 그리고 니노미야씨도 있습니다. '도와주세요' '이야기를 들어주세요'라고 말할 수 있는 관계가 있죠. 의존증에서 회복하는 데에는 구조 희구 능력을 어떻게 높일 것인지가 하나의 열쇠입니다. 누군가에게 도움을 구하려면 그 전에 자신의 상태를 전달하고 상담하는 단계가 반드시 있어야 합니다. 그러기 위해서는 자신이 못하는 것을 털어놓고, 약한 부분을 드러내지 않으면 안 됩니다. '쉬운 일 아닌가'라고 생각하실지 모르지만, 프로그램 참가자 중에는 여기에 처음 도전해보는 사람도 많습니다. 저는 다음에 소개할, 참가자들과 니노미야씨가 주고받은 '회복'에 대한 이야기를 보고, 편지라는 형식이 그 약한 부분을 드러내는 데 적합하다고 새삼스럽게 느꼈습니다.

"저는 지금 클리닉에서 회복하려고 매일 싸우고 있지만, 역시 쉽게 좋아지지 않는다, 완치는 없다는 점을 통감하고 있습니다. 그렇기에 초조한 마음도 있지만, 시간을 들여 천천히 자신과 마주할 생각입니다. 지금까지 깨닫지 못했던 것을 깨닫고 생활과 사고방식을 개선하면서, 지금 할 수 있는 것을 하나하나 해나가는 것이 가장 빠른 길일 테니까요. 오랜 여정이라 힘들다고도 생각했지만, 20년이 지나도록 괴로워하는 니노미야씨의 이야기를 듣고는 무척 안일했다 싶어 부끄러웠습니다. 깨닫게 해주셔서 감사합니다. 피해자는 줄곧 괴로워하고 있는데, 나는 회복을 향해 애쓴다면서 괴로움을 제대로 알려고 하지도 않았구나, 안일함을 떨쳐내지 않으면 언제까지라도 달라지지 않겠구나, 하고 배웠습니다."

니노미야씨는 이렇게 답신을 보냈습니다.

"그러네요. 확실히 쉽게 좋아지지 않고 완치는 없을지도 모르겠습니다. 저도 통원 치료를 시작하자마자 당시의 주치의에게 들은 말이 있습니다. 'PTSD는 완치가 없어요. 평생 함께할 각오를 해야 합니다'라고요. 당시에는 그 말을 듣고 충격에 빠졌습니다. 화도 났고요. 슬펐습니다. '내가 어쩌다 이 지경에?'라고 생각하기도 했죠.

하지만 '시간이 약'이라는 말은 정말이구나, 싶습니다. 필사적으로 여기까지 살아오면서 시간을 쌓아나가다 보니, 그 안에서 저 자신은 아마도 면역이 된 것 같습니다. 공황이나 플래시백, 해리 등이 닥치면 처음에는 '어쩌지' '왜 내가……' 하고 오로지 자신만 심하게 괴롭혔지만, 지금은 '아, 또 왔구나. 이제 어떻게 할까……' 하는 생각도 떠올립니다. 이건 모두 '시간이 약'이 된 덕분이라고 생각합니다.

분명히 당신에게도 '시간이 약'이 되는 시점이 올 겁

니다. 지름길은 없고, 길고 긴 여정일지도 모르죠. 하지만 저는 그 길을 당신이 똑바로 걸어가주기를 바라고, 기원합니다."

2021년 4월 니노미야씨가 쓴 편지

의존증에서 회복되는 과정에 있을 때는 스스로 '회복되고 있다' '꽤 좋아졌다'라는 실감을 좀처럼 얻기 힘듭니다. 성큼성큼 건너뛰지도 못하고, '오늘'을 기본으로 몹시 지루하게도 하루하루를 쌓아가야 합니다. 제대로 되지 않는 나날에 초조함을 느끼는 마음을 솔직하게 쓴 편지이기에, 니노미야씨도 일종의 공감을 표했겠죠. 참가자 모두 성 가해를 저지르던 시절에는 약한 부분을 털어놓거나 상담하기를 피했을 겁니다. 그런 삶의 방식에서 조금씩 털어놓게 되는 삶의 방식으로 변모하려면 반복적인 연습이 필요합니다. 얼굴을 맞대고 말하기 힘들지만, 편지로 쓰기는 쉽다고 하는 참가자가 많습니다.

이러한 소통에서는 참가자가 자신의 회복에 대해 생각함으로써 피해 당사자의 회복을 생각하게 된다는 점이 중요합니다. 성폭력 피해는 평생에 걸쳐 영향을 미칩니다. 20대에 피해를 겪은 니노미야씨는 50대인 지금도 PTSD와 함께 살고 있습니다. 니노미야씨의 인생 이야기는 그들도 이미 압니다. 대화 프로그램에서 몇 번이나 과거의 고통과 현재의 상태를 이야기했으니까요. 그 이야기를 그저 듣기만 하지 않고, 이렇게 자신의 문제와 연결 지어 고민하게 되었다는 점에서 한 발짝 나아갔다는 느낌을 받습니다. 니노미야씨가 주치의에게 들은 대로, PTSD도 완치되지 않는 병입니다. 니노미야씨는 '시간이 약'이라고 표현했지만, 그렇게 말할 수 있기까지 오랜 세월이 걸렸습니다. 여러 병원에서 진료를 받았고, 지금도 정기적으로 통원하고 상담도 받습니다. 편지를 쓴 가해자는 거기에 어떤 괴로움이 있을지 상상하는 출발선에 선 것입니다.

성폭력 피해로 힘겨워하는 사람이 어떤 치료를 받는지는 별로 알려지지 않았습니다. 가해자들에게만이 아니라, 사회에도 거의 알려지지 않았죠. 언젠가 대화 프로그램에서 니노미야씨가 '폭로 요법'에 대해 이야기해주었습니다. 성폭력 외에도 다양한 피해나 재난을 경험한 뒤 PTSD 진단을 받은 사람을 대상으로 하는 치료법입니다. '불안의 원인이 되는 자극에 단계적으로 접촉함으로써 불안을 해소하는 방법'이라고 많이들 설명합니다. 전문가의 입회하에 피해 기억을 떠올림으로써, 그것은 과거에 지나간 사건이고 현재의 자신은 안전한 곳에 있음을 확인하는 방식이죠. 피해를 상세하게 떠올려야 하는데, 그것이 얼마나 가혹한 사건일지는 대화 프로그램의 참가자들도 상상할 수 있었을 겁니다. 이 치료는 한 번이 아니라 여러 번 진행됩니다. 치료를 받는 사람의 부담이 커서 아무나 받지 못합니다. 니노미야씨는 피해 당시에 해리가 와서 기억이 흐릿하고 상세한 일을 기억하지 못하기 때문에 이 치료는 잘 진행되지 않았습니다.

피해자가 받는 이러한 치료가 별로 알려지지 않은 이유에는 실제로 이런 치료를 시행하는 의료기관이 많지 않다는 점도 있습니다. 성폭력 피해 당사자도 잘 모르고, 안다고 해도 어디로 찾아가야 될지 모릅니다. 한편으로는 가해자 역시, 전문 프로그램을 희망하더라도 이를 위한 의료기관이 한정된 것이 현실입니다.

회복의 형태는 한 가지가 아니다

'회복'이란, 일반적으로는 예전 모습 그대로 돌아간다는 이미지로 그려집니다. '피해 이전의 생활을 되찾고 싶다' '원래의 나로 돌아가고 싶다'라는 피해 당사자의 소망은 절실합니다. 피해자에게 회복이란 무엇일까요. 나아가 가해자에게 회복이란 무엇일까요.

니노미야씨는 피해 이후 27년이 지났는데 아직도 답을 발견하지 못했다고 솔직하게 편지로 썼습니다.

"가해자의 회복. 피해자의 회복.
피해자인 제게 '회복'은 어떤 것일까, 새삼스럽게 생각해보았습니다. 예전에는 여러 가지가 있었습니다. 예컨대 피해 이전처럼 건강해지고 싶다거나, 혼자서 해외여행을 하고 싶다거나, 일을 척척 해내고 싶다거나. 하지만 피해 이전이라는 지점으로 돌아가기란 불가능함을 깨닫고서는 그런 건 거의 바라지 않습니다. 바라봤자 힘들기만 하니 포기하기로 했죠. 그런 제게 '회복'이란 무엇일까요?
새삼스레 고민해봐도 전혀 이미지가 잡히지 않습니니

다. 있는 힘껏 현재를 살아가는 게 고작이라, 내일 생길 일 따위는 몽상할 여유도 없는 게 솔직한 심정일지 모릅니다. 해리성 건망증이 심각한 저로서는 특히나 지금 여기를 살아가는 게 정말로 말 그대로 고작이어서, 매 순간 외에 다른 건 이제 기적이라고 할까요……. 그래요, 기적입니다. 제게는 내일이 오늘이 되고 오늘이 어제가 되는 그런 것이 '기적'이고, 그렇기에 기적의 연속입니다. 하루하루가.

그런 제가 피해 이후 27년 동안 생을 이어왔고, 돌이켜보면 꽤 먼 곳까지 걸어왔다는 기분이 듭니다. 동시에 눈 깜짝할 새이기도 했죠.

27년 동안, 저는 꽤 바뀌었습니다. 손목을 긋는 자해나 약물 중독을 반복하지 않고서는 밤을 견디지 못한 시기가 있었습니다. 사소한 일에도 과잉 반응하고, 뭐든 그냥 흘려보내지 못해 좌절만 하던 시기도 있었죠. 가까이 다가오는 사람은 모두 의심하며, 화가 난 고슴도치처럼 온몸에 가시를 세운 시기도 있었고요. 정신이 들었을 때는 해리성 건망증이 저를 좀먹고 있었고, 많은 것을 잃어버린 뒤였습니다. 그리고 PTSD와 함께 살아가는 게 아니라, PTSD 속에서 살아가고 있었던 자신을 깨닫고서 망연자실한 시기도 있었습니다(이에 관해서는 지금도 갈등 중이지만요).
그런 식으로 매 시기, 저는 조금씩 바뀌었습니다. 그런 걸 '회복'이라고 부를 수 있을까요. 제게는 솔직히 물음표입니다.
이른바 '피해자의 회복'이라는 전형. 세상이 정해둔 일정한 '전형'이 있습니다. 애초에 '피해자' '가해자'에 대한 이미지의 전형도 존재하죠. 피해자는 이래야 한다, 가해자는 이래야 한다는. '회복'에 대해서도 그런 전형이 있겠구나, 하고 생각합니다. 예컨대 '피해자는 피해의 기억을 극복하고 통원 치료도 끝낸 뒤 평온하게 생활한다'라는 식의.
그런 전형적인 모습이 '가해자'에게도 있으리라 생각합니다. 이러이러하게 되면 세상에서 말하는 '회복'이 된 거라는. 하지만 정말로 그것이 '당신의 회복'일까요."

2022년 2월 니노미야씨가 쓴 편지

피해자에게 회복의 길은 피해 이전의 자신으로 돌아가는 게 아니다. 그 사실을 깨닫는다 해도 어디로 가고 있는지조차 알지 못한다…… 이런 당혹스러움이 행간에서 전해집니다. 니노미야씨의 27년은 한 발짝 나아갔다가 한 발짝 물러서기는커녕, 단숨에 한참 뒤로 후퇴해버리는 시기와 단 한 발짝도 옮기지 못하는 나날의 연속이었습니다. 회복했나 싶으면 갑자기 해리와 플래시백이 일어나 되돌아간 적도 있습니다.

최근 일본에서는 연예계 등과 관련된 성폭력 보도가 차례로 이어졌습니다. '없었던 일'이 될 뻔한 사건을 가시화하는 보도였으니 환영받아야겠죠. 그런데 그걸 보고 플래시백이 일어나서 PTSD가 악화된 피해 경험자도 적지 않다고 들었습니다.

지금까지 회복의 이미지는 한 사람 한 사람이 각자 안고 있을 뿐이었습니다. 성 피해의 실태가 당사자 입에서 쏟아져나오기 시작한 것은 극히 최근의 일이며, 본보기가 될 만한 사람도 없었습니다. 게다가 니노미야씨가 지적한 대로 사회에 존재하는 어떠한 전형은 자기 나름의 이미지를 갖는 데에 방해가 됩니다. '기억을 극복'하고 '통원 치료도 끝'났지만 그럼에도 '평온하게 생활'하지 못하는 자신을 책망하게 되죠. 틀에 박힌 피해자상은 자신이 성 피해 당사자이기 이전에 한 인간이라는 점을 잊게 만듭니다. 회복이 한 가지 패턴일 리 없습니다.

여기까지 쓴 내용은 가해자에게도 똑같이 해당합니다. 가해행위를 멈추는 것, 즉 재범 방지가 무엇보다 우선되어야 하는 것은 모든 가해자에게 공통이겠지만, 각자가 맞붙어야 할 과제는 다 다릅니다. 가해에 이르는 과정도, 가해 당시의 상황도, 가해한 상대방이나 그 숫자도, 체포당하던 상황이며 이후의 일도 모두 다릅니다. 회복의 길이 어디로 향할지도, 그 여정이 얼마나 길지도 역시 각각 다릅니다.

그러나 그들이 성 가해를 선택하고 반복해온 이유에는 사회에서 학습한 부분이 많습니다. 남자다움을 자기 안에 각인하고, 비뚤어진 인식을 내면화하고, 장난감 풍선처럼 자존심을 부풀리고, 비뚤어진 승인 욕구를 피해자에게 밀어붙였습니다. 이것들을 단번에 모조리 내버리기는 어렵습니다. 회복으로 가는 길 위에는 그들이 지금까지 껴안고 있던 문제가 곳곳에 흩어져 있습니다. 그 길을 걷다 보면 계속 충돌하거나 발이 걸려 넘어집니다. 길에 무엇이 숨어 있는지, 어떻게 하면 그걸 인식하고 피할 수 있을지, 동료와 함께 배우고 서로 이야기 나누며 깨닫는 것도 이 프로그램의 목적 중 하나입니다. 이에 더해, 니노미야씨와 나누는 대화는 그들이 지금까지 외면했던 것을 완전히 다른 각도로 조명해줍니다.

상반된 입장에 있는 니노미야씨와 참가자들이 '회복'에 대해 서로 어려움을 토로하고 함께 이야기합니다. 때로는 공통점을 발견하고, 때로는 서로 절대 용납할 수 없는 점도 발견합니다. 그럼으로써 오히려 자신을 더 잘 이해하게 됩니다. 대화하기 전에는 깨닫지 못했던 것, 보이지 않았던 것이 많습니다.

여기서 어느 참가자가 니노미야씨에게 쓴 편지를 소개하겠습니다.

"최근 1년여 동안 '피해자에게 용서받고 싶다'라는 생각을 하지 않았다. 피해자를 포함한 다른 사람이 나를 어떻게 생각하는지와 관계없이, 나는 '행복해지기'로 결심했다. 그 속에서 내가 저질렀던 죄는 대체 무엇일까, 죄에 대해 사과한다는 것(사죄)은 대체 어떤 걸까, 다시 태어난다는 것(갱생)은 어떤 걸까, 하는 고민이 정말로 중요한 부분이 되었다. 지금도 나는 피해자의 분노를 마주하면 바로 긴장해서 방어적인 태도를 취하고는, 상대방의 분노를 어떻게 누그러뜨릴지만 생각한다. 하지만 이전과 다른 점은 그걸 자각하고, 스스로 태도를 바꾸려고 노력하게 되었다는 점이다. 피해자분이 왜 화내는지를 온몸과 온 마음으로 받아들이고 정말로 상대방을 이해하려고 한다. 자신의 주관적인 시선에서 물러나, 상대방이 무엇을 보고, 무엇을 느끼고, 무엇을 생각하는지 필사적으로 느끼려고 한다."

2021년 11월 니노미야씨에게 온 편지

이 편지를 쓴 참가자도 처음에는 피해자를 향한 사죄를 말로 하거나 글로 썼을 겁니다. '피해자에게 용서받고 싶다'라고 자신이 바라고 있음을 깨달은 것은 동료들, 그리고 니노미야씨와 대화를 계속했기 때문이겠죠. 피해의 실태와 피해자의 '그 뒤'를 알고 상대방에 대한 상상력을 작동할 수 있게 되어서야 처음으로 '용서받고 싶다'라는 생각이 그저 자신만을 위한 것이었음을 이해하게 되었습니다. 대화를 통해 성 피해의 실태와 피해자가 겪는 그 이후의 삶을 앎으로써, 한발 앞으로 나아간 것입니다.

그때부터 자신은 '행복해지기'로 결심했다는 대목은 무척 인상적입니다. 가해자가 행복을 추구한다, 행복한 인생을 산다…… '좋은 인생 모델'이라는 개념에 기반을 둔 사고방식입니다. 그들에게 성폭력 가해가 자신이 행복을 느끼려는 수단이었다면, 행복해지기 위한 다른 수단을 찾아냄으로써 가해행위를 손에서 놓을 수 있게 됩니다. 타자에게 상처를 주면서 행복해지는 건 용납되지 않지만, 그들에게 그 수단이 필요한 동안에는 멈추기가 어렵죠. 프로그램 안에서 위험성을 씻어내고 트리거를 피하며 자신을 관리하는 일도 물론 중요하지만, 그것만으로는 행동 변화를 지속하기가 어렵습니다. 인간은 기본적으로 행복을 추구하는 생명체이므로, 이를 위해 적절한 수단, 이를테면 타인과의 교류나 특정한 취미, 무슨 일이 생긴대도 마음을 가라앉히는 방법 등을 모색해서 이를 획득하려는 역량을 강화하고 부적절한 수단은 떼어냅니다. 이를 실천하기 위한 지식과 경험이 대화 프로그램에는 있습니다.

니노미야씨도 이렇게 답장을 썼습니다.

"'행복해지기로 결심했다.' 중요합니다. 저는 여러분이 꼭 스스로 행복해지려고 노력하기를 바랍니다. 행복이란, 실은 여기저기에 굴러다니는 것입니다. 자잘한 행복, 자그마한 사랑이 여기저기에 넘쳐흐르고 있죠. 다만 우리는 그걸 알아차리지 못할 때가 무척 많습니다. 평소의 작은 행복, 예컨대 오늘 친구와 손을 맞잡았다, 친구와 통화했더니 기운이 났다, 그런 것만으로도 기분이 좋아지지 않나요? 아무래도 상관없는, 당연한 일일까요? 결코 당연하지 않아요. 친구가 그다음에 바로 사고를 당할지도 모릅니다. 친구가 전화 너머로 울고 있었을지도 모르죠. 얼마든지 있을 법한, 평범한 상황입니다. 그런데 지금 이 순간, 나와 연결되었어요. 기적 같은 연결이 우리를 형성합니다. 거창하게 들릴지 모르겠지만, 기억을 드문드문 해내는 저는 언제나, 그렇게 의식하며 지내고 있습니다. 그러니 혹여나 상대방과 크게 싸우더라도, 조금 지나서는 '싸울 수 있는 상대가 있어서 다행이구나!'라고 진심으로 생각합니다."

여기서 말하는 '행복'이란 자신이 한 일을 '없었던 일'로 쳐서 피해자를 잊어버리고 그 뒤의 인생을 그저 즐기겠다는 의미가 아닙니다. 속죄와 갱생을 방기하는 것도 아닙니다. 실제로는 그 반대입니다. 가해행위를 통해 행복해지려는 자신인 채로는 본질적으로 다시 태어나기가 어렵습니다. 그들은 가해행위를 저지름으로써 다른 사람의 평범한 일상과 행복해질 가능성을 빼앗았습니다. 하지만 그들 자신이 행복이 무엇인지 모르면, 잘못과 대면하는 데에도 한계가 있습니다.

그뿐만 아니라 죄와 마주한다는 의미를 착각할 가능성이 있음을 한 참가자가 편지에 썼습니다.

"자신의 죄와 마주한다는 말의 의미를 착각해, 현실을 회피하려는 지경에 빠져 있었습니다. 죄와 마주하는 것이 자신을 비하하는 거라 착각해 제멋대로 자존감을 끌어내렸고, 그 결과 왠지 자신이 비난당한다는 생각이 들어 '피해자 행세'를 했습니다. 제가 그렇다는 사실을 깨닫고부터는 절대로 눈을 돌리지 않겠다, 잊지 않겠다, 맹세하고 고민하면서 프로그램에 참가하고 있습니다."

2022년 2월 니노미야씨에게 온 편지

니노미야씨는 이렇게 답장을 썼습니다.

"당신의 편지를 읽고 저도 안도감을 느꼈습니다. 자신을 비하하는 거라고 착각했다는 대목에서요. 죄와 대면하는 게 자신을 비하하는 건 아니죠. 죄와 대면하는 것은, 자신의 자긍심을 되돌리는 중요한 작업이 아닐까요. 당신이 이런 식으로 언어화하기까지 얼마나 쓰라린 고통을 겪었을까 상상하니, 이 프로그램을 계속해온 제가 격려받는 기분이 들었습니다. 고맙습니다."

2022년 3월 니노미야씨가 쓴 편지

여기 나오는 '비하하다'에 가까운 의미로, 재범 방지와 씨름하는 사람에게서 '자신은 행복해져서는 안 된다' '평생 십자가를 짊어지고 살아야 한다'라는 말을 종종 듣습니다. 언뜻 깊이 반성하는 태도처럼 보이고,

사회도 그들에게 그러한 태도를 요구하는 면이 있습니다. 그러다 보면 '피해자 같은 얼굴'을 하고서 겉치레로 계속 죄와 대면하는 척하는 게 편하다고 생각하는 사람도 생깁니다.

하지만 그런 식으로 자신을 비하하면 자존감이 떨어지고, 스스로 피해자라는 사고에 사로잡혀 '피해자 행세'를 하게 됩니다. 자신의 죄를 직면하는 태도라 할 수 없습니다. 또한 3장에서 설명했듯, 가해를 한 사람의 대부분이 '낮은 자존감과 높은 자존심'이라는 문제를 안고 있는데, 계속 비하하는 태도는 그러한 성격을 고치는 게 아니라 그대로 유지하게 만듭니다. 이는 재범만 하지 않았을 뿐, 가해했을 때 이후로 아무것도 바뀌지 않았음을, 가해하지 않아도 가해자인 채로 있음을 의미합니다.

피해자로 살아가는 괴로움

가해 이후로 행동이 변화한다, 생활 방식이 바뀌어 행복을 추구한다. 이는 '가해자에서 졸업함'을 의미하는 걸까요. 언젠가 니노미야씨는 이런 편지를 썼습니다.

"피해자가 '피해자다'에서 '피해자였다'가 되는 데에는 넘기 어려운 장애물이 몇 가지나 있습니다. '피해자=서바이버survivor, 생존자'에서 '피해자였다=스라이버thriver, 다시 일어선 사람'가 되는 데에는 그렇기에 무척 오랜 시간이 걸립니다.

좀더 이야기하자면,

'피해자다'라고 여길 때, 우리는 피해가 나의 전부라고 생각하는 면이 있습니다. 피해로 더럽혀진 자신, 산산조각 난 자신, 그것이 내 '전부'라는 생각에 사로잡혀 그 안에서 꼼짝 못 하는 느낌이죠.

그런 상태에서 조금씩 조금씩 기어 나오고 또 기어 나와, 한 발짝 움직였다가 두 발짝 뒷걸음질 치기를 반복합니다. 그럼에도 계속 살아가다 보면, 어느새 '다시 일어선 사람'이 되어 있습니다.

'피해자였다'라고 말하는 건 '피해는 내 전부가 아니다. 어디까지나 내 일부다'라고 생각하게 되는 게 아닐까요."

스스로 원해서 피해자가 된 사람은 없습니다. 생존자란 '살아남은 사람'입니다. 죽음에 필적할 정도의 손상을 입힌 성폭력에서 어떻게든 살아남았죠. 그럼에도 피해 당사자의 이후 자살률이 높다는 사실은 여러 나라의 조사에서 명확히 나타납니다. '나는 피해자다'라는 상태로 살아가기란 얼마나 가혹한가요. PTSD에 시달리며 죽고 싶다는 생각을 늘 하고, 니노미야씨처럼 해리가 빈번하게 일어나 물리적으로도 위험한 상태가 오래 지속되는 사람도 있습니다.

그런 상태에서는 '나는 피해자다' 이외에 아무런 생각도 하지 못하는 게 오히려 당연하겠죠. 그런 기간이 얼마나 오래 지속되는지는 당사자도, 주변 사람들도 모릅니다. 아마 피해 지원을 하는 사람이나 의료인들도 모를 겁니다. 피해 상황도 상황이지만, 그 뒤 어느 정도로 치료 및 지원과 연결되었는지, 실질적으로 어떤 치료와 지원을 받았는지, 그리고 인간관계나 경제 상황은 어떠한지 등 다양한 요소에서 영향을 받기 때문에, 대체 언제 회복되는지는 아무도 장담하지 못합니다.

그런 상태에서 '피해자였다'가 되려면 무엇이 필요할까요. 앞서 소개한 편지에서 니노미야씨는 '시간이 약'이라고 썼습니다. 괴로운 체험이라면 뭐든 시간과 함께 조금씩 치유되어가는 법입니다. 하루하루 생활해나가다 보면, 그 안에서 스스로 깨닫지 못하는 사이에 회복되어갑니다. 사실, 말로는 간단하죠. 그렇게 하루하루를 영위하는 것 자체가 어렵습니다. 하지만 피해를 입고 30년 가까이 지난 니노미야씨의 말에는 설득력이 있으니, 다른 피해자에게도 어떤 종류의 길잡이가 되지 않을까 싶습니다(물론 니노미야씨가 피해자 대표는 아닙니다).

'살아남은 사람'에서 '다시 일어선 사람'이 되려면, 사회 인식 또한 바뀌어야 합니다. 전자가 생환한 사람을 가리키는 말인 데에 반해, 후자는 '성장한 사람'이며 이제 더는 '생존자임을 강하게 주장할 필요가 없어진 사람'을 가리킵니다.

앞서 소개한 편지에서 니노미야씨는 성 피해자에 대한 이미지의 '견본'이 있다고 지적했습니다. 피해자는 이래야 한다는 상을 많은 사람이 공유하면서 생기는 폐해에는 여러 가지가 있습니다. 그중 가장 두드러진 것은 그 사람을 '피해자'로밖에 보지 않고, 고정된 이미지에서 벗어나면 '피해자가 이런 말을 할 리 없는데, 거짓말했나?' '별 대단한 피해도 아니었는데 과장했구나'라며 피해 사실까지 부정하는 태도입니다. 많은 성폭력 피해자가 오늘도 괴로움을 안고서 생활하고, 일하고, 아이를 키우고, 가족을 돌보고, 취미를 즐기며 웃기도 합니다. 성폭력 피해가 그 사람의 '전부'가 아니면 아닐수록 그런 시간은 길어지겠죠. 그러므로 '그 사람이 웃는 걸 보니, 성폭행을 당했다는 건 거짓말일 거야'라고 결론 내리는 건 지극히 불합리합니다. 동시에 그 사람의 보이지 않는 어딘가에서는 피해의 영향이 계속되고 있다는 점도 상상해야 합니다. '이미지로서의 피해자'를 당사자에게 일방적으로 요구하지 않는 사회가 되기를 바랍니다.

가해자로 살아가는 안전함

한편 가해자에게는 타자에게 상처를 주는 가해행

위가 '자신의 전부'였던 시기가 있습니다. 그 행위에 매일 탐닉하며 '사는 보람'이라고 부르는 사람도 있을 정도죠. 집에 있든, 일을 하든, 문제 행동이 머리에서 떠나지 않고 일상의 중심에 있습니다. 스트레스가 쌓이거나 싫은 일이 생기거나 인생이 막막해도, 다른 사람을 가해함으로써 자신의 우위성을 확인하고 성취감을 얻기만 하면 다시 일어섭니다. 무슨 일이 있어도 그 행위를 손에서 놓지 않으려고, 거짓말을 잔뜩 하고 다양한 수단을 동원하죠.

그런 그들에게 '가해자에서 졸업함'이라는 게 어떤 이미지인지 써보라고 한 적이 있습니다. 답변은 크게 두 가지로 나뉘었습니다.

한 가지는 '평생 재범하지 않는다'라는 걸 졸업으로 본다는 내용이었습니다. 다른 한 가지는 '가해자에게 졸업은 없다'라는 내용입니다. 후자의 일부를 소개하자면 "졸업이란 없다고 생각합니다. 자신은 평생 가해자임을 스스로 계속 의식해야 한다고 생각합니다" "가해자라면 졸업해버린다는 게 별로 좋지 않다고 생각합니다. '그건 과거의 자신이고, 지금의 나는 아니다' '이제 나는 괜찮다'라는 마음이 들면 슬립으로 이어질 것 같아서 무섭습니다" "가해자에게 졸업은 없다고 생각하고, 그럴 생각도 없습니다. 물론 가해자라는 게 저의 일부라서 그렇기도 하지만, 제 선택으로 피해자가 생겼다는 사실은 변함없으니까요. 그걸 평생 잊어서는 안 된다는 니노미야씨의 말을 명심하기로 했습니다. 가해자라는 딱지를 감히 받아들이고, 그 위에서 어떻게 살아갈지가 지금의 과제입니다"라고 말한 사람들이 있었습니다.

재범하지 않는 건 당연한 일입니다. 그걸 졸업이라고 말할 수는 없죠. 몇 년이나 가해행위를 멈췄던 사람이 우연한 순간에 재범해버리는 사례가 얼마든지 있으니, 무엇을 두고 어떤 시점에서 '졸업'이라고 말해야 할지도 의문입니다.

가해자는 평생 가해자다. 언뜻 정답처럼 보일지도 모르겠습니다. 성범죄가 보도되면 인터넷을 중심으로 '평생 교도소에서 나오지 마라'라는 비난이 날아들고, 피해자 역시 그렇게 바라기도 합니다. '가해자는 평생 가해자'라는 생각은 사회에서 많은 사람이 공유하는 듯합니다. 하지만 대화 프로그램에서는 모범 답안처럼 보이는 문장일수록 주의해야 합니다. 이는 자신을 지키고 싶을 때의 방어기제, 말하자면 사고 정지 상태임을 1장에서 이미 언급했습니다.

니노미야씨도 똑같이 생각했습니다. '졸업'에 대한 참가자들의 의견에 다음과 같은 편지를 썼습니다.

"자신이 가해자라는 사실에 사로잡힌 여러분의 모습을 보며, 저는 마치 주술에 걸린 게 아닌가 싶었습니다. 주술에 사로잡혀 있으면 자신은 안전하다. 그러니 거기서 움직이려 하지 않는구나. 교활하구나, 하고 생각했어요.

여러분의 괴로움과 힘겨움은, 지금까지 제게 쓴 편지에서 확실히 읽었습니다. 그렇기에 느꼈습니다. 교활하다고.

자신이 가해자라는 사실 속으로 도망쳐버리면 이제 더는 누구도 자신에게 뭐라고 하지 않겠지, 라는 태도랄까요.

그건 잘못된 거 아닌가요.

예전에 가해자가 되었던 일에서는 도망칠 수 없습니다. 짊어져야만 하는 책무입니다. 당연합니다. 자신이 저지른 짓이니 책임을 지는 게 당연하죠.

그리고 예전에 가해자가 되었던 일이 있었든 없었든, 앞으로 범죄행위를 해도 되느냐고 하면, 당연히 안 됩니다. 두렵네 어쩌네 해도, 더 피해자를 낼 권리 따위, 여러분에게, 없어요.

'나는 가해자니까 어쩔 수 없다'라는 변명을 더는 제게 내보이지 마세요.

가해자니까, 어쩔 수 없다.

이런 변명, 저 이외의 피해자가 들었을 때, 받아들일 수 있으리라 생각하세요? 그렇지 않겠죠?

이건 병이니까 어쩔 수 없다, 가해자니까 어쩔 수 없다, 자신은 이렇게 힘겨우니까 이제 어쩔 도리가 없다면서 세상을 향해 문을 닫아버리면, 언제까지라도 세상과 연결되지 못하는 거 아닐까요?

피해자도, 가해자도.

세계와 다시 연결되는 건 무척 중요한 과정입니다.

한번 산산조각 나버린 '연결'을 다시 시도하는 것. 무척이나, 무척이나 중요한 과정입니다. 그렇죠?

가해자라는 사실을 짊어지면서, 두번 다시 가해자가 되지 않겠다는 책임을 다하면서, 자신의 인생을 살아가는 겁니다. 그런 용기를 내야 하지 않을까요?

이 병은 평생 낫지 않을 거야……. 그런가요. 제 PTSD도 평생 낫지 않는다고 합니다. 해리도 평생 낫지 않는다고 하더군요. 애초에 특효약 같은 건 PTSD에도, 해리에도 존재하지 않습니다. 스스로 그때그때 대처하면서 넘어갈 수밖에 없어요.
그렇지 않습니까?"

2022년 9월 니노미야씨가 쓴 편지

'나는 가해자다'에 머물러 있는 게 안전하다. 이런 생각은 대화 프로그램을 시작하기 전의 니노미야씨라면 짐작도 하지 못했을 겁니다. 피해자는 기본적으로 회복을 갈망합니다. 그러지 않으면 인생이 언제까지나 괴롭기만 하니까요. 가해자도 회복을 갈망하지 않을 리 없다고 생각하지 않았을까요.

하지만 대화 프로그램에서 본 그들 중에는 '나는 가해자다'라는 상태로 도망쳐 들어가버린 사람도 있습니다. '가해자니까 어쩔 수 없다'라고 말하는 상태가 그들에게 속 편하게 들어맞는 측면이 있기 때문입니다. 책임지는 과정에는 두려움도 있고 갈등도 있습니다. 괴롭고 쓰라린 일입니다. '나는 가해자다'는 거기서 도망칠 수 있는 마법의 말일지도 모릅니다. 힘겹고 쓰라린 현실과 대치하지 않아도 되니까요.

이 편지는 가해자에게 무척이나 엄격한 지적이었다고 생각합니다. 피해자와 가해자에게는 회복도, 졸업도 의미가 전혀 다릅니다. 하지만 특효약은 없고, 스스로 넘어설 수밖에 없다는 점은 같습니다. 니노미야 씨가 정반대 입장에서 그들을 봐왔기에 할 수 있는 엄격한 지적입니다.

이 편지를 읽고 참가자들이 니노미야씨에게 회신한 편지에는 '가해자였다'에 대해 다음과 같은 내용이 담겨 있었습니다.

"'가해자였다'라고 할 수 있는 상태가 되어서는 안 된다, 과거의 일로 삼아서는 안 된다, 피해자는 지금도 자신의 가해행위 때문에 괴로워하지 않느냐면서, 감히 자신을 사로잡힌 포로처럼 여기고 있었다는 사실을 오늘 깨달았습니다.
'가해자였다'라고 말할 수 있게 되려면, '가해자다'라는 사실을 자신의 가해행위를 억제하기 위한 대책으로 삼지 않아도 괜찮은 상태가 되어야 한다고 생각합니다."

"'가해할 가능성은 평생 계속된다. 따라서 자신은 평생 가해자다'라고 생각했지만, 이번 편지를 읽고 그보다 더 나아간 목표를 지향해야만 한다고 느꼈다."

"재범하지 않는 건 당연하고, 성범죄를 증오하며, 가해자 입장에서 성범죄를 줄이는 활동(학교 교육, 성범죄자 치료 권장 등)을 할 수 있게 된다면 좋겠다."

2022년 10월 니노미야씨에게 온 편지

니노미야씨의 진지한 지적을 자신의 문제로서 정면으로 받아안고, 스스로 고민하고, 곱씹어 소화해서, '가해자였다'를 목적지로 삼으려면 어떻게 해야 하는지를 고민한다……. 그들이 이 지평에 다다르기까지는 얼마나 많은 단계가 필요할까요.

하지만 조급하게 맞설 과제는 아닙니다. 다음 니노미야씨의 편지에도 나오듯이, 성 의존증에서 회복되기를 지향하며 '가해자였다'로 나아가는 일은 그 자체가 '삶'이기 때문입니다.

"여러분이 쓰셨듯이, 여러분이 위험성을 짊어지고 있

다는 건 변함없고, 가해자가 된 과거가 있다는 사실도 변함없습니다. 그렇기에 '지금은 다르다'라고 정색하지 말고, 또한 '어차피 나는 글렀다'라며 될 대로 되라는 듯이 행동하지도 말고, 진지하게 '지금 여기'와 마주하며 살아가길 바랍니다. 주변에서 어떻게 생각하든, 뭐라고 수군대든, 당신은 성실하게 '지금 여기'를 살아가는 겁니다. 그것이 '지금 여기'를 충분히 살아가지 못하게 된 피해자를 위해 할 수 있는, 한 가지 일이 아닐까요. 저는 그렇게 생각합니다."

2022년 11월 니노미야씨가 쓴 편지

니노미야씨는 '지금 여기'라는 말을 자주 씁니다. 지금, 자신은 어떻게 살고 있는지를 확인해보라는 질문입니다.

참가자들은 여태껏 가해자로서 살아왔습니다. 하지만 지금 대화 프로그램에 참가하고 있다는 건, 앞으로는 가해하지 않고 살아가겠다는 결심을 한 셈입니다. 두번 다시 피해자를 내지 않는 미래를 선택했다는 뜻이죠. 그러기 위해 지금, 당신은 어떻게 살아가고 있느냐고, 피해자에게 지금의 자신을 보여줄 수 있느냐고 묻고 있습니다.

대화 프로그램을 약 7년 동안 지속해왔습니다. 대화란, 과거부터 이어져온 지금이라는 지점에 피해자와 가해자가 마주 서서, 서로 말을 주고받고, 서로에 대해 알고, 그것을 자기 삶의 방식에 반영하는 과정입니다. 그 장에서 극적인 변화나 확실한 반응은 느끼지 못하더라도, 앞으로 다가올 미래를 더 낫게 만들기 위해 조금씩이라도 서로 마찰을 줄여나가는 과정임을 보았습니다.

대화 프로그램은 시도의 연속입니다. 의존증에서 회복하는 모습처럼 시도와 실패를 반복하면서 발전해 나갑니다. 니노미야씨는 '할머니가 될 때까지 계속하겠다'라고 했습니다. 너무나 유감스럽지만, 성폭력 가해를 저지르는 사람들은 앞으로도 나오겠지요.

끝은 정해져 있지 않아도 괜찮습니다. 애초에 끝이란 없는 게 아닐까 하는 생각도 듭니다.

저는 피해자가 대화를 원하기만 한다면, 세상 곳곳에 이러한 '회복적' 대화가 퍼져나갔으면 좋겠습니다.

그러나 이를 위해서는 아주 많은 과제가 있습니다. 그 과제를 철저하게 살피고 검증한다는 의미에서도, 대화 프로그램에는 여전히 도전할 부분이 많습니다.

니노미야 사오리

×

사이토 아키요시

대담

왜 가해자에게 '감사하다'고 했는지?

사이토 니노미야씨와 가해 경험이 있는 남성들이 대화하는 프로그램도 8년째에 들어섰습니다. 이렇게 지속되리라고는 생각지 못했는데……. 아니, 오래 하고 싶다는 생각은 애초부터 했습니다만, 처음엔 미지수인 부분이 너무나 많았죠.

니노미야 돌아보면, 제가 사이토씨에게 처음으로 메시지를 보낸 게 2017년 6월 15일이었습니다. 성폭력 피해와 '피해, 그 뒤'를 그린 영화 「월광月光」이라는 작품에 제가 관여했는데, 그때 오자와 마사토小澤雅人 감독에게서 성 가해를 저지른 사람들이 재범하지 않도록 돕는 프로그램이 있다는 말을 처음 들었고, 에노모토클리닉과 사이토씨의 이름도 알게 되었습니다.

사이토 우리가 클리닉에서 진행했던 것은 SAGSexual Addiction Group-meeting로, 강박적 성행동을 멈추지 못하는 사람을 대상으로 시행한 가해자 임상입니다.

가해자 임상이란 성폭력이나 가정폭력 가해자의 재범 방지와 행동 변화를 목적으로 하는 치료 교육 프로그램을 말합니다. 그들이 가해를 직면하고 책임지도록 하는 것이 가해자 임상의 역할입니다.

니노미야 그런 프로그램이 있다는 걸 몰랐기 때문에 충격을 받았습니다. 저는 저 자신이 피해를 입은 이래, 수많은 피해 당사자의 목소리를 들었습니다. 그러면서 세상에는 자신이 한 짓이 가해임을 자각하지도 못하는 가해자가 얼마든지 있고, 자각은커녕 '해냈다'라며 신나하는 사람마저 있다는 걸 알게 되었죠.

그러다 가해자 임상이라는 게 있고, 거기에 참여하는 가해자가 있다는 사실을 안 뒤 일종의 구원을 느꼈어요. 그래서 사이토씨에게 메시지를 보내 '가해자와 대화하고 싶다. 어떻게든 필요하다고 생각한다'라는 의사를 전했습니다.

사이토 처음부터 '대화'를 이미지화하고 있었다는 데에 놀랐습니다. 사실은 저도 똑같은 생각을 하던 시기였습니다. 하지만 그건 피해자 임상 전문가와 가해자 임상 전문가 간의 대화였죠. 설마 당사자끼리의 대화가 실현되리라고는……. 니노미야씨와 처음 이야기를 나눌 때만 해도 여전히 믿기 어려웠습니다. 물론 거기엔 위험성도 있으니 신중하게 접근해야 한다고 했고요.

니노미야 저는 피해 이후 10년 정도 지나, 가해자 본인과 대화했습니다. 지금 생각해보면, 대화라고 보기도 어려운 어떤…… 면담이라고 하는 게 적절할까요. 허공에 대고 말하는 것 같았고, 사죄도 피상적이었습니다. 결국 아무것도 전해지지 않는구나, 하는 허무함만 남고 끝났죠. 가해자가 자신이 한 짓과 제대로 마주하지 않는다 싶어서 출구가 보이지 않는 느낌이었어요. 이건 어디까지나 '저'의 이야기이고, 피해자가 모두 이렇게 생각한다는 의미도, 이렇게 생각해야만 한다는 의미도 아닙니다.

사이토 니노미야씨는 가해자인 남성과의 면담에서 허무함만 느꼈다고 하셨는데요. 그렇다면 다른 가해자와 직접 대화하더라도 더 허무하기만 하진 않을까, 우려는 없으셨습니까?

니노미야 있었어요. 하지만 해보지 않으면 모른다고도 생각했죠.

사이토 제가 최종적으로 대화 프로그램을 해보자고 결심했던 것도 니노미야씨의 열의에 압도된 면이 있습니다. 1회차 때를 기억하십니까?

니노미야 물론이죠. 우선 '여기 참석해주셔서 감사합니다'라고 말했죠.

사이토 그렇습니다. 저도 분명히 기억합니다. 2회차 참가자는 50명 정도였는데, 모두 놀란 기색이었죠. '우리는 성폭력 가해자인데, 왜 피해당한 사람이 고맙다고 하는 거지?'라는 얼굴이었습니다.

니노미야 확실히 그들은 성폭력 가해자입니다. 하지만 프로그램 참가만으로도 큰일을 했다고 생각해요. 스스로 찾아서, 혹은 가족이 찾아내서 클리닉과 연결되었잖아요. 연결만 된 게 아니라 계속 다니고 있죠. 통원하다가 주변에 알려지기라도 하면 편견 어린 시선이 쏟아질지도 모르는데. 실제로 저를 직접 가해한 사람은 재범까지 했는데도 이런 클리닉이나 프로그램과 연결되지는 않았어요. 그러니 꾸준히 통원하는 사람들, 게다가 이렇게 대화 프로그램에 참가하는 사람이 있다는 사실이 진심으로 기뻐서 '감사합니다'라고 했죠.

달걀귀신에서 표정이 있는 사람으로

니노미야 프로그램이 시작되고 얼마 지나지 않아, 그들이 피해자나 피해 '그 뒤'를 정말로 모른다는 사실을 깨달았어요. 그리고 그들의 '말하지 못하는' 모습에도 놀랐고요. 자신의 가해행위에 대해 말하기, 대면하기를 피하는 데 급급했죠. 그들로서는 무의식적인 반응일지 모르지만, 아니, 그건 아닐 거라고 생각했어요.

사이토 '피해에 대해 모른다'와 '가해자가 자신에 대해 말하지 못한다'는 연결되는 문제죠.

니노미야 네, 피해자는 오로지 자신을 파고들어요. '내가 잘못했다'라며 책망하고, '왜 나였을까'를 곱씹으며 묻죠. 그들은 피해자가 그런 의문을 줄곧 품고 있다는 사실을 모르고, 생각해본 적도 없고, 그러니 그 대답은 그들 안에 하나도 없어요. 그렇다면 반드시 알아야 한다고 생각했습니다. 성폭력 가해가 어떤 것인지, '그 뒤'를 살아간다는 게 어떤 것인지.

사이토 하지만 니노미야 씨가 피해를 말할수록 그들은 '달걀귀신' 같은 얼굴이 되었죠.

니노미야 일제히 표정이 사라지는 건, 마치 공포영화 같았어요. 이야기하고 있는데도 그들이 문을 탁, 하고 닫아버리는 게 느껴지더라고요. 이거 뭔가 있구나, 하고 직감했습니다. 무엇이 그들을 그렇게 만들까. 그들이 그걸 제대로 들여다보지 못하면 몇 번이든 재범하겠죠.

사이토 니노미야씨에게 보내는 편지의 주제로도 몇 번인가 이 '달걀귀신 현상'을 선정해서, 참가자 스스로 생각해 써보게 했습니다. 그걸 통해 이들이 '그 뒤'에 대해 모른다는 건 물론이거니와, 그런 현상이 가해자에게 존재하는 방어기제나 해리가 아닐까 분석했습니다.

니노미야 그렇죠. 그들 혼자서는 피해자에 대해서도, '그 뒤'에 대해서도 보지 못한다는 걸 알게 되었습니다. 보지 않는 데에 익숙하다고 해야 할까요. 저는 그들이 제대로 보길 바랐습니다. 눈을 돌리지 않기를. 앞으로도 그렇게 건드리고 들추어내는 작업을 계속하고 싶습니다.

사이토 그 덕분인지, 최근에는 그들에게도 표정이 생겼습니다.

니노미야 그렇죠!

사이토 몇 번이나 질문을 받으면서 그들 스스로 의식할 수 있게 되었어요. 대화 프로그램에서는 다양한 각도에서 질문을 준비하다 보니, 피해자의 현실과는 조금 먼 화제를 꺼내기도 합니다. 그때는 표정이 있는데, 이야기가 피해자와 가까워지면 다시 표정이 사라지죠. 사라져서는 안 된다는 말이 아니라 '방금 나, 달갈귀신 표정을 한 것 같은데'라고 질문하는 태도가 중요하다는 겁니다.

니노미야 오래 참가한 사람일수록 그게 가능해지는 걸까요.

사이토 가해자 임상은 '세 걸음 나아갔다가 두 걸음 후퇴'하는 과정의 반복입니다. 오래 싸워온 사람일수록 행동 변화가 가능하다고 단언하기 어려운 측면이 있습니다. 다만 대화를 계속해왔다는 점에서는, 그것만으로도 커다란 의미가 있다고 생각합니다. 안타깝게도 여러 이유로 대화 프로그램만이 아니라 클리닉에 오는 것 자체가 힘들어진 사람도 있지만요.

니노미야 멀리 이사해서 이제 프로그램에 참석하지 못한다고 편지로 알려준 사람도 있었죠.

사이토 임상 참가자들은 클리닉에서 아침 9시부터 밤 7시까지 몇 가지나 되는 프로그램에 참여합니다. 니노미야씨에게 보낼 편지를 쓰는 왕복 서신 교환 프로그램은 그 뒤, 밤 8시부터 시작됩니다. 온종일 이런저런 프로그램에 참석하느라 피곤한 사람도 있을 테고, 취업해서 일을 끝내고 이 프로그램에만 참석하러 오는 사람도 고충이 있을 테고요. 다들 지속하기 쉽지 않을 겁니다. 그렇기에 오래 참가하는 사람에게서는 니노미야씨와 대화를 지속하고 싶다는 의지를 느낍니다.

니노미야 지속적인 참여 자체에 의미가 있다는 건 저도 동의합니다. 대화를 통해 언어화할 수 있는 사람이 늘었다고 느끼고 있어요. 이건 무척 중요한 과정이라고 생각해요. 포커싱이라는 심리요법이 있는데, 자기 안에 모호하고 불안한 부분을 직시해 언어화함으로써 마음에 평안을 얻는 방법입니다. 그들은 아마 지금까지 자기 내면에 집중하기는커녕, 바라보는 것조차 제대로 하지 못했을 거예요. 그 자체가 불쾌감과 고통을 동반하는 작업이니까요. 하지만 대화 프로그램에서는 어떻게든 자신의 모호하고 불안한 면에 집중해서 언어로 표현해야만 합니다. 적어도 제게 편지를 쓰거나 대면해서 이야기하는 시간만큼은 그 작업을 열심히 하지 않았을까 싶어요.

피해 '그 뒤'를 사진전에서 느끼다

사이토 제가 보기에 대화 프로그램 참가자와 니노미야씨 간의 관계성이 명확히 바뀐 시기가 있습니다. 니노미야씨의 사진전이 열렸던 때입니다.

니노미야 네, 2021년 도쿄 요요기의 카페에서 'SAWORI'라는 제목으로 개인전을 열었을 때죠.

사이토 전시장에 자발적으로 다녀간 참가자가 여럿 있었습니다. 사진집을 구입한 사람도 있었는데, 나중에 클리닉에 가져와 다른 참가자들과 함께 보았다고 합니다. 그 사진집에는 피해 '그 뒤'를 느낄 수 있는 작품이 많이 실려 있었죠. 그때까지 니노미야씨의 언어로 읽거나 들었던 '그 뒤'를 눈과 분위기로 느끼지 않았을까 싶습니다.

니노미야 그들로서는 크게 용기를 내어 전시장에 왔을 거예요. 클리닉에서 그들은 어떤 의미로는 보호를 받잖아요. 가해를 저지른 인간이라는 점은 변함없어도 그 공간에 있는 한, 스태프나 동료들이 항상 신경 써주고 부당하게 대우하는 일은 없죠. 그렇기에 거기서 나가는 것 자체가 무척 힘들었을 겁니다.

사이토 참가자들끼리 서로 권유해서 시간을 맞춰 함께 가기도 했죠. 전시장에 있는 방명록에 자기 이름을 쓴 사람도 있었다고 들었는데요.

니노미야 제가 전시장에 있을 때 온 사람과는 이야기도 나누었어요. 방명록에 감상을 써준 사람도 있었고요. 클리닉이라는 보호받는 공간에서 나누는 대화와 그들이 맨몸이 되는 것과 마찬가지인 전시장에서 나누는 대화는 그 의미도 자연히 달라지는구나, 하고 느꼈습니다.

우리는 한 발짝이라도 사회로 나가면, 그때부터는 가해자와 피해자로만 존재하지 않잖아요. 각각 가해자이고 피해자라는 점은 사실이지만, 그게 전부는 아니죠.

사이토 가해하던 때의 그들은 가해자인 자신이 전부였던 시기가 있습니다. 뭘 하더라도 가해하는 것만 생각하죠.

니노미야 피해자에게도 그런 시기가 있습니다. 제게도 있었어요. '나는 피해자다'로 세계의 모든 것이 덕지덕지 칠해진 듯한 나날이. 하지만 살아가다 보면, 결국은 그렇지 않게 되는 날이 옵니다. 그래서 서로 피해자가 아닌 부분, 가해자가 아닌 부분까지 한데 묶어 총체적으로 맞부딪치지 않으면, 그들이 애초에 어디서부터 성폭력 가해를 택했는지 물을 수가 없어요. 처음부터 가해자라는 측면만 보면 '두번 다시 가해하지 마!'라는 말로 끝나버리죠. 거기서 끝내지 않고 '왜 성적인 가해여야 했는가'까지 물어보길 바랍니다.

사이토 '왜 나였을까' '왜 성적인 가해여야만 했을까'는 니노미야씨가 대화 프로그램을 시작했던 초기부터 알고 싶어했던 점이죠.

니노미야 그들로서는 가능하면 피해자와 대면하고 싶지 않을 거예요. 안 보고 지나가면 그게 절대적으로 편하니까요. 하지만 대면하려고 하는 사람도 있습니다. 그러면 저는 그 시간을 허비하고 싶지 않아요. 그래서 클리닉 밖에서도 그들과 '이런 지점에서 가해가 생겨났다' '이런 점에서 이런 사고방식이 시작됐다' '거기서부터 가해행위로 연결된다' 등을 조금이라도 이해하도록 이야기하고 싶었습니다. 저는 한 명의 '사람'으로서 그들과 마주해야 한다고 생각합니다.

성 가해 속에 숨은 승인 욕구를 깨달을 때

사이토 니노미야씨에게 쓰는 편지에 자신이 한 문제 행동과 클리닉에 다닌 횟수를 쓰는 칸은 처음부터 있었지만, 기본적으로는 익명이었습니다. 자발적으로 이름이나 별명을 쓰는 사람은 있었습니다만. 그러다 언젠가부터 이름 칸을 만들었더니, 얼마 지나서 어떤 참가자가 '편지 프로그램에서 정신이 흐트러졌다'라고 이야기했습니다. 그 자신은 흐트러짐의 정체를 몰랐지만, 깊이 파고들어보면 '니노미야씨가 참가자에게 보내는 편지에 자기 이름이 언급돼야 한다'라고 생각하게 되었던 것 같습니다.

니노미야 저는 매월 받은 편지 내용 중 몇 부분을 인용해서 그에 대한 답장을 쓰는데, 그걸 말하는 건가요? 그 사람에 대한 답장이라기보다는 다 같이 생각해보기를 바라면서 선택했는데요.

사이토 그들로서는 니노미야씨가 자신이 쓴 편지를 인용했다는 사실을 '(피해자에게) 인정받았다'라고 받아들인 것 같습니다. 그러다 보니 인정받을 목적으로 쓰게 되고, 즉 평가를 원하게 되죠. '정신이 흐트러졌음을 깨달았습니다'는 그걸 알려준 말이었습니다.

니노미야 사실, 예상은 하고 있었습니다. '내 편지를 인용해줬어! 그러면 또 선택받도록 써야겠다'라고 생각하는 사람이 나오지 않을까 하고요. 저는 그들이 일단 썼으니, 자신이 쓴 글을 책임지기 바랐습니다만, 그걸 의식하면 정반대 방향으로 가버리더라고요. 저 자신도 '모든 편지를 인용하는 게 좋을까' 하는 생각에 빠진 적이 있습니다.

사이토 참가자 사이에서 '오늘 편지에 언급됐네' 하고 화제에 오르기도 하는 것 같았습니다. '성 가해와 승인 욕구'를 대화 주제로 했던 적이 몇 번인가 있었죠. 흐트러짐의 정체가 '인정받고 싶다' '평가받고 싶다'라는 욕구임을 그가 깨달았던 건, 프로그램에서 승인 욕구에 대해 생각해보았기 때문이라고 했습니다.

니노미야 '자신의 성 가해와 승인 욕구는 별로 관계가 없다'라고 쓴 사람도 많지 않나요?

사이토 그렇습니다. 확실히 꽤 깊이 통찰하지 않으면, 성 가해와 승인 욕구는 결부되지 않을지도 모르죠. 하지만 저는 뿌리에서 반드시 이어져 있다고 생각합니다. 예컨대 자신의 가해행위를 누군가가 알아차려주기를 바란다고 쓴 사람도 있었고, 피해자에게 '승인'받고 싶다는 욕구가 그들 안에서 보이는 경우도 많죠.

니노미야 그건 정말로 왜곡된 생각이네요.

사이토 네, 왜곡이죠. 하지만 '관계없다고 생각한다'라는 반응이 많았기 때문에, 그때는 저도 질문 방식이 잘못되었나, 생각했습니다. 하지만 이름 쓰는 문제에 대해 알려준 이처럼, 나중에야 자신 안에 있는 승인 욕구를 알아차린 사람도 있어요. 그런 반응을 보면서 이 주제를 던져본 의미가 있다고 느꼈습니다.

니노미야 이런 문제가 있다고 해서 다시 무기명으로 돌아가는 것도 이상하지 않나요? 그건 그들 자신이 대면해서 극복해야 한다고 봐요.

사이토 동의합니다. 애초에 자신이 누구인지 밝힘으로써 자기 행위에 대한 책임과 대면하기를 바랐고, 그런 의도로 이름 쓰는 칸을 만들었습니다. 정신이 흐트러졌다는 그에게는 이름을 바꿔 쓰는 선택지도 있겠지만, 이 역시 자기 안에 있는 왜곡된 승인 욕구를 인식해나가는 기회이기를 바랍니다. '이런 부분에서도 승인 욕구가 얼굴을 내미는구나' '삶의 방식을 바꾸려면 이걸 극복해야 한다'라는 식으로요.

계절을, 생활을 생각하며 자신을 돌본다

니노미야 지금 하신 말씀처럼, 대화 주제 설정은 참 어렵죠.

사이토 대화 프로그램은 니노미야씨와 직접 얼굴을 보며 이야기하는 형식과, 니노미야씨가 쓰신 편지를 읽고 주제에 따라 답장을 쓰는 왕복 서신 형식으로 나뉘어 있지만, 양쪽에 다 참여하는 사람이 많아서 가능하면 주제를 연동시키려고 합니다.

니노미야 주제 설정은 사이토씨가 해주시니, 저는 오로지 열심히 편지를 쓸 뿐이죠.

사이토 일단 니노미야씨가 쓰신 편지를 읽고 거기 담긴 내용을 어떻게 주제에 반영할지 고민합니다. 니노미야씨의 편지에는 직구가 많죠. 답장에 그냥 '그렇다'라고 써버리며 반발심만 보이는 참가자도 있습니다. 가해자 임상에서는 '처음부터 책임을 추궁하면 숨어버린다'라는 게 정설이라, 그들의 사고 패턴에 잘 어울리는 말로 가공해서 던집니다. 실제로 프로그램 현장에서는 편지를 쓰기 전, 질문에 대해 의문점이 있는지 먼저 물어봅니다. 표현 방식에 따라서는 참가자들이 전혀 다르게 이해하기도 하는데, 그때는 그 자리에서 수정합니다.

니노미야 저는 저대로, 그들에게서 온 편지를 일단 대강 읽습니다. 시간이 조금 지난 뒤에 다시 읽고, 신경 쓰이는 부분에 줄을 긋죠. 다시 시간을 두고 한 번 더 읽어요. 적어도 세 번은 읽습니다. 그리고 잠깐 묵혀두었다가, 제 머릿속을 정리해서 그때부터 답장을 쓰기 시작합니다. 그러지 않으면 한없이 길어져버려요.

사이토 프로그램은 총 한 시간으로, 처음 20분 동안 니노미야씨가 쓴 편지를 참가자 전체가 함께 읽습니다. 시간제한도 있으니, 내용을 A4 용지 여섯 장 이내에 담아달라고 부탁드렸죠.

니노미야 그래서 분량이 한정되어 있는데도, 언젠가부터 계절 이야기를 조금씩 쓰게 됐어요.

사이토 꽃이라든가, 강아지 이야기라든가, 가족과 함께 보았던 하늘의 색이라든가.

니노미야 그건 참가자들도 자신의 생활을 소중하게 여겨달라는 마음에서 쓰는 거예요.

피해자는 피해 이후에 자신의 생활을 소중하게 대하지 못하는 시기가 있습니다. 제게도 있었는데, 그때 친구들이 도와주었어요. 스스로 돌보지 못한다는 건 자신을 소중하게 여기지 못하는 것이니, 결국 타인 역시 소중하게 여기지 못한다고 생각합니다. 그러니 자신의 일상과 주변 사람들을 문득 떠올려 보는 시간을 가져봤으면 좋겠어요. 아무렇게나 내팽개쳐진 상태가 계속되면, 아무리 프로그램에 다닌들 아무것도 얻지 못하니까요. '이렇게 좋은 일이 있었다' 해도, '오늘은 나쁜 일이 있었다' 해도 괜찮습니다. 그렇게 해서 일상으로 눈을 돌리는 게 자기 돌봄의 첫걸음이 되지 않을까요?

사이토 그렇죠. 자기 돌봄은 사실, 그들의 행동 변화를 고민하는 데에도 빠뜨려서는 안 되는 부분입니다. 재범 위험성이 높아질 때면 자기 대화를 시도하면서 고위험 상태를 회피하는 행동을 주체적으로 선택해야 합니다. KP에게 전화하거나, 안전한 장소로 피하거나, 다른 길로 돌아가거나 하는 식으로요. 하지만 컨디션이 나쁠 때는 그런 자기 대화가 제대로 안 됩니다. 수면 부족이거나, 일 때문에 야근이 많아서 심각한 실수를 했다거나, 가족과 말다툼했다거나.

그럴 때는 자존감이 떨어지기 쉽습니다. 그래서 자신의 정신적인 컨디션을 확실히 유지할 필요가 있어요. 규칙적인 생활은 치료의 기본입니다. 생활 주기와 범행 주기는 항상 연동합니다. 자신의 일상을 되돌아보는 습관을 익혔으면 좋겠어요.

> **니노미야** 참가자들이 쓰는 편지에는 마지막으로 제게 전하고 싶은 메시지를 적는 칸이 있죠. 거기에 자신의 생활에 대해 이야기하는 사람이 조금씩 늘고 있어요.

사이토 니노미야씨의 편지를 배포하면, 편지 끝에 적힌 '작성 시간'을 확인하는 사람이 많습니다.

> **니노미야** 아, 제가 다 쓴 시간을 꼭 적거든요.

사이토 그게 대체로 동틀 녘에 가까운 시간이라.

니노미야 잠도 못 들고서 그 시간이 되어버리죠.

사이토 그들은 '이런 시간까지 우리한테 보내는 편지를 쓰고 있었구나' 하는 생각에, 자연히 '자, 우리도 성실하게 임해야지. 그러지 않으면 니노미야씨에게 면목이 없어, 실례야'라는 마음을 먹게 됩니다. 그런 분위기를 가해자 임상 외의 프로그램에서는 별로 느끼지 못해요.

그곳에는 같은 문제를 안고 있는 '동료'가 있다

사이토 여느 프로그램과 달리 강하게 느껴지는 거라면, 대화 프로그램에 '동료' 의식이 생겼다는 점입니다. 다른 의존증 치유 프로그램에는 함께 돌아가는 '바퀴' 같은 느낌이 있습니다. 그걸 중요하게 여기고, 실제로 자조 모임 등에 가면 그런 분위기가 곧잘 느껴집니다. 처음 참가하는 사람을 바퀴 안으로 맞이해 환영하는 분위기랄까. 하지만 성 가해 경험이 있는 사람들이 씨름하는 SAG에서는 횡적인 연결을 만드는 경향이 있다고 이전부터 느꼈습니다.

니노미야 처음에 저는 다들 모래알처럼 흩어져 있구나, 하고 생각했습니다. 사람들 사이에 투명한 벽이 있다고요. 에노모토클리닉은 의존증 전문 외래 병원이지만, 다른 의존증을 다루는 층과 SAG를 다루는 층은 분위기가 완전히 달라요. '성'이라는 것과 관련된 부정적인 이미지 때문일까요. 자신을 지극히 비하한다고 할까, 스스로 자신에게 화가 나 있다고 할까…….

사이토 그리고 다른 참가자와 자신을 비교하죠. '왜 이런 놈들과 섞여 있어야 하나' '이것들과 똑같이 취급받고 싶지 않다'라는 식으로.

니노미야 성범죄자는 다른 범죄자와 비교해도 사회에서 더 냉엄한 눈으로 보죠.

사이토 네, 교도소 내에서도 '핑크'라고 불리며 괴롭힘을 당하는 일이 많습니다. 특히 어린아이에게 성폭력을 한 사람은 제일 비겁하고 남자답지 않은 범죄를 저질렀다고 여겨집니다.

니노미야 자신마저 그런 시선으로 본다는 느낌이 들었어요. 인간관계나 구직 활동에서도 자꾸 벽에 부딪히고 그래서인지, '어차피 내가 뭐……'라고 생각하죠. 그런 분위기가 공간 안에 떠돌고 있었어요. 하지만 그런 생각을 계속 품고 있어서는 아무것도 안 되잖아요. 자신이 한 짓은, 한 짓으로서 확실히 대면해야 합니다. 당신이 낳은 피해자는 지금도 틀림없이 자기 안에서 '왜 그런 일이 있었을까' '왜 나였을까'를 계속 묻고 있을 테니까요. 대면하기 괴로울지 모르지만, '그걸 함께 할 수 있는 동료가 있잖아, 당신 옆에!'라고 말하고 싶네요.

사이토 예를 들어 불법 촬영이라는 범죄를 저지른 사람들끼리 잡담하는 걸 들어보면, '아, 그럴 때는 정말 몰래 사진 찍고 싶지' 같은 이야기를 할 때가 있어요. 일반적으로는 흠칫 놀랄지도 모르지만…….

니노미야 피해자는 그런 말을 듣기만 해도 '무슨 소리야!' 하겠죠.

사이토 말씀대로죠. 하지만 그들은 자신이 가해할 때의 욕구나 행동 양식을 알아두어야만 하고, 그건 같은 문제를 지닌 상대방밖에 이해하지 못합니다. 그걸 공유하는 가운데, '그러니까 이럴 때 정신을 차려야 해' '어떻게 피해가면 좋을 것 같아?' 하는 '대화'를 프로그램 이외의 장소에서도 하기 시작합니다. 알코올이나 도박 의존증 모임에서는 동료들끼리 많이 나누는 이야기입니다. 지금은 SAG에서도 동료를 KP로 선택하는 사람이 있습니다.

니노미야 이전에는 없었나요?

사이토 없었습니다. 오래 참여하는 사람도 적었고, 롤모델이 없었어요. 기본적으로 스태프나 가족이 그 역할을 하곤 했습니다.

니노미야 하지만 사이토씨 같은 분에게서 질문을 받고 대화를 통해 동료가 되어서 함께 파고들어볼 기회가 없으면, 언제라도 벽이 다시 생겨날 수 있잖아요. 투명한 벽을 만들어서 자신을 숨겨버리죠. 정말로 강력한 습관이에요. 분명히 그들의 어린 시절에 그렇게, 보이지 않는 벽을 만들지 않고는 자신을 지키지 못한 경험이 있지 않을까 하는 생각이 들어요.

니노미야씨의 얼굴이 떠오르면 재범을 멈춘다

사이토 언제부터인가 편지에 '재범할 것 같을 때, 니노미야씨의 얼굴이 떠올라 스스로 자제했던 적이 있었다'라고 쓰는 사람이 나왔습니다.

니노미야 제가 재범을 막는 사람이 되었네요. 제 얼굴만이 아니라 제가 했던 말, 썼던 말, 뭐든 떠올리면서 '지금 위험하다, 가해행위를 해서는 안 된다'

라고 생각한다면, 그것만큼 기쁜 일도 없습니다. 그들은 지금까지 몇 번이나 반복해왔잖아요. 자기 행동을 멈출 생각도 하지 않고, 타자에게 가해해서 상처를 입혔죠. 그랬던 사람들이 '안 돼, 멈춰!'라고 한순간이라도 생각할 수 있게 되었다면, 대화를 계속하길 잘했구나 싶네요.

사이토 위험성이 높은 상황이 되었을 때, 이전까지의 그들이라면 '지금이라면 확실히 할 수 있어!' '안 들키면 되잖아'라는 자동 사고가 확 떠올라서 그대로 그걸 따랐을 겁니다. 오랫동안 프로그램에 참여한 사람이라도 저절로 그런 사고가 나와버리니까요. '기회다!' 싶으면 두리번두리번 주위를 둘러본 뒤, '안 들키겠군' 하는 확신 속에 '오랜만이니까 슬쩍 해도 되겠지'라고 생각하며 순식간에 가해하려고 움직입니다. 처음에 확 떠오른 자동 사고를 제어하는 것은 오래 프로그램에 참여한 사람이라도 거의 불가능합니다. 하지만 그다음, 그런 인지에 어떻게 반응하고 어떻게 행동할지는 스스로 선택할 수 있습니다. 가해행위를 선택하지 않기 위해 자기 대화를 반복해야죠.

니노미야 자기 대화는 말 그대로 자신과 '대화'하는 거네요.

사이토 그렇습니다. 그게 잘 돼서 문제 행동을 스스로 피할 수 있었다면, 그건 프로그램에 계속 참여했기 때문일 겁니다. 하지만 모처럼 체득한 자기 대화의 힘도 프로그램에 오지 않으면 차츰 잊어버립니다. 근육 트레이닝과 비슷하죠. 자신이 체포되었을 때나, 그로써 가족이 떠나버렸을 때 등은 떠올리고 싶지 않으니, 굳이 기억에서 끌어내지 않아요. 니노미야씨의 얼굴이나 말도, 일단 떠올리면 가해행위를 할 수 없게 되니까 떠올리지 않습니다. 그 대신, 체포되지 않았거나 주변에 들키지 않았던 '부정적인 성공 체험'을 끌어냅니다. 그걸 따라가는 건 간단하니까요. 그러므로 프로그램은 계속되어야 합니다.

회복적 대화, 앞으로는

사이토 저는 이 대화 프로그램을 '회복적 대화'라고 위치 짓고 있습니다.

니노미야 '회복적 사법'에서 온 거죠. 저는 대화 프로그램을 시작하면서 이 단어를 알게 되었는데, '그렇구나, 이런 단어가 존재하는 걸 보니, 이미 사법 절차로서 실시하는 나라가 있나보네' 하고 감탄했습니다. 사회는 피해자와 가해자를 분리하고 싶어 하지만, 그 사이에 다리를 놓는 게 더 나을 수도 있다는 생각을 새삼스럽게 했습니다.

사이토 다리를 놓는다는 건, 서로 알게 된다는 뜻인가요?

니노미야 네. 피해자도 가해자도 서로의 '그 뒤'를 모르잖아요. 이건 자신의 직접적인 가해자, 피해자에 대해 알고자 한다는 의미가 아니에요. 대부분은 알 일이 없는 게 현실이죠. 하지만 피해자가 그 뒤 어떤 인생을 밟아가는지…… 단 한 사람의 이야기라도 듣는다면, 자기 때문에 피해자가 되어버린 이에게도 상상력을 발휘하지 않을까요.

사이토 니노미야씨는 1회차 때부터 '가해자에게는 시효가 있지만, 피해자에게는 없다'라는 말씀을 하셨습니다. 앞으로 프로그램에서 그 의미를 진지하게 고민해달라고 참가자들에게 호소하셨죠.

니노미야 인생이라는 게 좋든 나쁘든 길잖아요. 가해, 피해의 '그 뒤'는 굉장히 큰일이에요. 많은 피해자에게 '그 뒤'에 일어나는 일은 정말로 힘듭니다. '그 사건 때문에 내가 이렇게 됐다'라는 사실에 사로잡혀 분노와 증오를 계속 품고 있다가 피폐해지기도 하고요.

다른 한편 가해자는 어떨까요. 저는 가해자의 '그 뒤'를 알고 싶었고 가해자와 대화도 해보고 싶었습니다. 그런 일은 좀처럼 실현되지 않지만, 1억분의 1의 확률로 실현된다면, 줄곧 품고 있었던 '왜 당신은 나를 선택했는가'라는 질문에 대답을 얻을 수 있지 않을까……. 이렇게 생각하는 피해 당사자가 저 외에도 있을지는 모르겠어요. 하지만 일단 가해자가 말할 수 있게 되어야겠죠. 그러지 못하면 대화는 불가능하니까요.

이렇게 시작했던 대화 프로그램인데, 그때의 기본 자세는 지금도 변함없고, 앞으로도 그들이 '이야기'를 해내는 데에 도움이 되고 싶습니다. 그들이 언젠가 자신의 피해자와 대면했을 때…… 현실에서 그런 기회가 있을지, 그들 상상 속에서 일어날지 저로서는 모르겠지만, 어떤 형태로든 대면했을 때, 그들이 자신에 대해, 그리고 왜 자신이 가해행위를 했는지에 대해 제대로 이야기할 수 있기를 바랍니다. 그런 이유로 대화를 계속하고 싶습니다. 제가 할머니가 되어서 움직이지 못하게 되는 그날까지.

⁂

마치며

왜 나였을까.

어째서 이런 일을 겪어야 했던 걸까.

저는 줄곧 그 질문을 마음에 품고 있었습니다. 피해를 입고 나서부터 줄곧 '이렇게 된 건 내 탓이다' '내가 이러니 피해를 당한 거다'라고 자책했습니다. 하지만 동시에 '왜, 어째서 나였을까'라고 생각하기도 했습니다.

그 대답을 얻고 싶어서 제 가해자와 직접 대면했습니다. 하지만 대답은 무엇 하나 얻지 못한 채, 대면은 끝나버렸죠.

왜 나였을까. 어째서 나여야만 했을까. 대답을 원하는데, 가해자에게 대답을 얻지 못한다면, 적어도 실제로 가해한 적 있는 다른 사람들과 대화할 수는 없을까. 그 사람들이 가르쳐줄 수 있을까. 그렇게 생각하기 시작했습니다.

실제로 제가 에노모토클리닉의 사이토 아키요시씨에게 처음으로 메시지를 보낸 것은 2017년 초여름입니다.

"몇 년 전부터 가해자와의 대화를 줄곧 생각해왔습니다. 망설여지는 부분도 있어서, 그렇게 오늘에 이르렀네요. 하지만 거기서가 아니면 시작되지 않는 일도 있다고, 지금은 생각합니다."

왜 나였을까. 이 말에 대답할 수 있는 사람은 가해자밖에 없습니다. 가해를 경험한 사람밖에 없다고 생각했습니다. 다른 누군가가 답을 대신해준다고 해도, 저는 분명히 거기에 만족하지 않을 겁니다. 납득하지 못하겠죠. 사람은 쉽게 남을 속이고, 귀에 달콤한 말도 아무렇지 않게 해버리니까요. 그래서 저는 사이토씨에게 부탁했습니다. 가해자들과 나누는 대화를 실현하는 데에 힘을 빌려달라고.

이런 생각을 친구들에게 처음으로 털어놓았을 때, "왜 가해자에 대해 알려고 하는 거야? 가해자를 이해할 필요 따위 없잖아. 그런 지독한 일을 당했는데, 왜?"라는 분노 섞인 반응이 돌아왔습니다. 마땅한 분노입니다. 고마웠죠. 그래서 저도 마음이 전해지도록 열심히 이야기했습니다.

"이제는 악순환에 빠지지 않을 생각이거든. 만약 내 피해를 두고 가해자를 분노나 증오 속에 몰아넣는다고 한들, 거기서 뭐가 생겨날까? 분노나 증오에 따라오는 상황이라면 역시 분노나 증오가 태어나겠지. 그러면 오로지 악순환만 계속돼. 때때로 증식하면서. 분명히 그럴 거야. 나는 이제 그걸 원하지 않아. 피해자나 가해자는 어디에나 존재하잖아. 딱히 성폭력 피해자만이 아니더라도 역사 속에 얼마든지 있었지. 전쟁이 일어나면, 가해·피해라는 도식이 생기지. 분명히 당한 쪽, 저지른 쪽이 생겨나고. 그때마다 분노나 증오가 타오르잖아. 그 외에도 많은 것들이 휘말려서 활활 타올라. 이제, 그런 걸 끝낼 수는 없을까. 나는 적어도 끝나기를 바라는 거야.

그럼, 분노나 증오의 무한 루프를 여기서 끝내려면 어떻게 해야 할까. 그걸 고민하려면 가해자를 내가 알자, 이해할 수 없는 부분까지도 알아야겠다, 그게 필요하다고 생각했어. 아무것도 모르는 채로 자신의 고통만 주장해서는 대화로 이어지지 않아.

내가 가해자의 사정을 알고 싶다, 조금이라도 이해하고 싶다고 생각한 건 여기서 끝내고 싶어서야. 앞으로도 계속 피해자와 가해자 사이에 오가는 분노나 증오에 응한다면 결국 인간 존재 자체를 해치게 되겠지. 적어도 나는 그걸 바라지 않아. 학대의 연쇄, 증오나 분노의 연쇄는, 역시 그걸 끊어내고 싶다고 생각한 사람이 시작하지 않으면 아무것도 바뀌지 않잖아. 그래서 일단 행동해보는 거야. 이외에는 다른 방법이 생각나지 않아."

그런 생각을 품고서 시작한 성 피해 당사자와 성 가해 당사자 간의 대화 겸 왕복 서신. 저는 그 과정에서 여러 가지를 깨달았고 뼈아픈 사실들과 만났습니다. 그중 딱 한 가지만 든다면 '왜 나였을까, 왜 내가 아니면 안 되었을까'라는 질문에 대해, 그들이 솔직하게 던져주었던 대답입니다.

"꼭 니노미야씨일 필요는 없었습니다. 그저 거기에 있었고, 게임의 표적이 되었던 것뿐입니다."

그 말을 들었을 때의 충격은 이루 말할 수 없을 정도였습니다.

내가 아니어도 상관없었다? 그 사실을 알았을 때, 뭔가가 와르르 무너졌습니다. 이런 비참한 일을 당했으니 적어도 자신이 그렇게 되어버린 정당한 이유를 얻고 싶었던 거구나, 하고 그때 저는 깨달았습니다. 아, 그렇구나, 나는 기대하고 있었구나. 하다못해 자신이어야 할 필요성이 가해자에게 확실히 있지 않을까, 하는 기대를.

충격을 받은 끝에 웃어버렸습니다. 그리고 목소리를 죽이고 혼자서 한밤중에 울었습니다. 이제부터, 자, 나는 어떻게 하면 좋을까. 망연자실이란 이런 거구나,

생각했습니다. 하지만 이게 진실이라는 것만은 몸서리칠 정도로 이해했습니다. 그들이 곧바로 제게 대답을 던져주었으니까요.

지금도 아직 그때의 충격이 가시지 않았지만, 그럼에도 그때 그들이 생각을 들려준 덕분에 저는 조금이나마 앞으로 나아갔다는 기분이 들었습니다. 내 탓이 아니야, 그 피해는 내 탓이 아니야, 라는 걸 알게 되었기 때문이죠. 그렇다고 해서 제 안의 자신을 책망하는 마음이 완전히 사라지지는 않았지만, 그래도 반쯤은 사라진 기분이 들었습니다.

지난날, 저는 가해자를 제 손으로 죽여버리고 싶은 마음이 제 마음 깊은 곳에 숨어 있다고 상담 중에 담담하게 털어놓았습니다. 희미한 기억에 불과하지만, 확실히 말한 기억이 납니다.

그 생각은 아마 앞으로도 변하지 않을 겁니다.

지금 시점에서는 제 직접적인 가해자가 갱생 프로그램에 참여할 가능성이 전혀 없기 때문입니다. 만약 그가 갱생 프로그램을 열심히 수강한다면, 계속 다닌다면, 저는 분명히, 조금이나마 안심할 수 있겠죠. 두

번 다시, 이 사람 때문에 피해자가 나오지는 않으리라 생각할 수 있다면, 저는 분명히, 조금이나마, 구원받을 겁니다.

그렇게 된다면, 죽이고 싶다는 생각 따위 하지 않아도 되리라는 생각이 듭니다.

엉뚱하게 들릴지 모르겠습니다만.

저는 언젠가 우리 사회가 과거의 피해자도 과거의 가해자도 함께 살아갈 수 있는 사회가 되기를 바랍니다. 가해자가 어떤 의미에선 받아들여지는 사회, 용서받는 사회가 된다면 피해자를 줄일 수 있지 않을까. 저는 그렇게 생각합니다.

설령 가해자가 일단 철창 안에 갇힌다 해도, 가해자와 피해자는 언젠가(둘 중 한쪽이 죽지 않는 한) 이 땅에서, 같은 사회에서 생활해나가야만 합니다. 우리가 받아들여야 할 현실이죠.

그렇다면 우리는 가해자와 피해자가 어떻게 같은 사회에서 함께 살아갈 수 있을지 고민해봐야 합니다.

피해자가 되는 건 특별한 일이 아닙니다. 가해자가 되는 것 또한, 특별한 일이 아닙니다. 누구나, 피해자도 가해자도 될 수 있습니다. 우리는 인간이니까요.

피해자로만 사는 인생이란 없다면, 가해자로만 사는 인생도 없습니다. 누구나 피해와 가해를 한 몸에 껴안고 있습니다. 한 인간 안에서 가해와 피해는 공존합니다. 인간이란 이토록 깊은 업에 휘말린 생명체라고 생각합니다. 그렇기에 우리가 함께 살아가려면 어떻게 하면 좋을까, 이 역시 고민해봐야 합니다.

대화 프로그램이 언제까지 계속될지, 계속될 수 있을지, 아무도 모릅니다. 계속되는 한, 이 소중한 희망을 잃지 않도록, 앞으로도 그들과 대면해나갈 것입니다.

마지막으로 고마움을 전하고 싶습니다.

책이 이렇게 형태를 갖추는 데는 사이토 아키요시 씨, 편집자 고미야 아리小宮亜里씨가 없었다면 어림도 없었을 겁니다. 진심으로 감사드립니다.

프로그램에 참가한 여러분. 여러분이 프로그램에 오지 않았다면, 애초에 이 책은 존재하지 않았겠죠. 이렇게 오가는 대화도 없었을 테고요. 정말로 고맙습니다. 앞으로도 잘 부탁합니다.

그리고.

멋대로 행동하기만 하는 저를 지탱하고 늘 응원해 주는 가족에게, 항상 고맙습니다!

2024년 여름,
니노미야 사오리

피해자가 가해자에게
—이 대화는 가능할까?

초판인쇄 2026년 1월 8일
초판발행 2026년 1월 15일

지은이 사이토 아키요시·니노미야 사오리
옮긴이 조지혜
펴낸이 강성민 이은혜
편집 양나래
마케팅 정민호 박치우 한민아 이민경 박진희 황승현 김경언
브랜딩 함유지 김은솔 박민재 이송이 박다솔 조다현 김하연 이준희
제작 강신은 김동욱 이순호

펴낸곳 ㈜글항아리
출판등록 2009년 1월 19일 제406-2009-000002호

주소 경기도 파주시 문발로 214-12, 4층
전자우편 bookpot@hanmail.net
전화번호 031-955-2689(마케팅) 031-941-5161(편집부)

ISBN 979-11-6909-484-9 (03300)

잘못된 책은 구입하신 서점에서 교환해드립니다.
기타 교환 문의 031-955-2689, 3580

www.geulhangari.com